秒懂数字货币

UNDERSTAND DIGITAL CURRENCY IN SECONDS

朱兴雄 ◎ 著

广东经济出版社

· 广州 ·

图书在版编目（CIP）数据

秒懂数字货币 / 朱兴雄著. —广州：广东经济出版社，2024.2
ISBN 978-7-5454-8967-5

Ⅰ. ①秒⋯　Ⅱ. ①朱⋯　Ⅲ. ①数字货币—基本知识　Ⅳ. ①F713.361.3

中国国家版本馆 CIP 数据核字（2023）第 168501 号

责任编辑：易　伦　毛一飞
责任校对：陈运苗
责任技编：陆俊帆
封面设计：回归线视觉传达

秒懂数字货币
MIAO DONG SHUZI HUOBI

出版发行：	广东经济出版社（广州市水荫路 11 号 11～12 楼）
印　　刷：	广州市豪威彩色印务有限公司
	（广州市增城区宁西街新和南路 4 号）
开　　本：	787mm×1092mm　1/16 　　　印　张：14
版　　次：	2024 年 2 月第 1 版　　　　　印　次：2024 年 2 月第 1 次
书　　号：	ISBN 978-7-5454-8967-5　　　字　数：236 千字
定　　价：	78.00 元

发行电话：（020）87393830　　　　　　　编辑邮箱：gdjjcbstg@163.com
广东经济出版社常年法律顾问：胡志海律师　　法务电话：（020）37603025
如发现印装质量问题，请与本社联系，本社负责调换。
版权所有 · 侵权必究

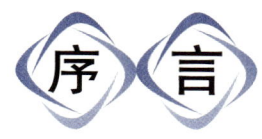

序　言

群雄逐鹿，新时代、新经济、新金融和新货币之下，谁能最终胜出？

2019年，习近平总书记在中共中央政治局第十八次集体学习时强调，把区块链作为核心技术自主创新重要突破口，加快推动区块链技术和产业创新发展。这为国内以区块链技术为基础的数字货币技术的创新研发应用营造了环境，指明了发展方向。

2021年5月，北京大学教授陈钟指出："区块链与数字货币的相继出现，引起人们对未来互联网从信息互联网向价值互联网发展的憧憬与探索。数字经济在互联网的基础上也被赋予新的内涵，特别是区块链技术所带来的价值与信任的技术支撑，有可能带来人类生产和生活的变革。"①

2021年，时任美国财政部长耶伦在接受《纽约时报》记者采访时表示，美国支持数字美元研究，认为其可能会带来更快、更安全和更经济的支付方式。美联储主席鲍威尔于2021年4月在美联储的一次政策会议后发表讲话，表示关注到中国已经在央行数字货币（CBDC）方面取得了快速进展，并于2021年5月表示，技术进步正在推动全球支付格局发生快速变化，美联储正在探讨发行数字美元的可能性。

目前，中国已成功开展数字人民币试点应用，数字人民币的支付已经逐渐融入社会公共服务和人们的日常生活。大多数国家还在观望、探讨各自的央行数字货币，中国数字人民币无疑走在了世界的前列，引领着央行数字货币领域的创新与应用。

---

① 陈钟：《数字货币的安全和发展》，《中国信息安全》2021年第4期。

世界把目光投向了 21 世纪新时代的中国这片热土，"一带一路"国家级顶层合作倡议、"中国制造 2025"国家行动纲领、实现"共同富裕"大国方略等，引领世界经济发展。

然而，一个国家的崛起、民族的复兴，能一帆风顺吗？世界各国在经济发展、金融科技和货币主权与霸权等方面如何竞相角逐？群雄逐鹿，在新时代、新经济、新金融和新货币下，谁又能最终胜出？

如果说货币是经济运行的价值交换媒介，那么数字货币就是数字经济的交易媒介和价值储存手段。我们已经处在一个现金钞票、数字货币、电子支付同时并存的新时代。

数字货币会使支付、交易和交易结算变得更简单，尤其在全球贸易、跨境交易等方面，它可能重塑当前金融机构在货币和支付方面所扮演的角色。世界大国正在酝酿一场激烈的金融技术竞赛，争夺在数字金融基础设施和技术方面的主导地位，竞争性创新对世界大国具有长期影响。我们不禁要问：究竟哪个强国将率先推出基础性、系统性的解决方案来大力推动数字经济发展？

大力发展数字人民币，推广其应用并融入实体经济，在国际贸易的交易、结算中启用数字人民币，增加人民币在国际货币中的权重，并逐步夯实人民币国际货币的地位，增强人民币在国际货币中的竞争力。

稳定、可信并持续强劲的货币，对世界财富、贸易具有强大的向心力。全球贸易的主导地位和国际货币的主导地位，必将催生经济的繁荣、世界人才的聚集、海量财富的持续创造和人民福祉的大幅提升，也必将迎来大国崛起和民族复兴，同时促进世界和平与发展。

本书从数字货币的发展历程、数字货币的参与者和数字货币市场讲起，逐步介绍了数字货币之争，并结合当前热点，如数字货币争奇斗艳、数字货币公司竞争、数字货币的国际纷争等进行透彻分析，深入剖析了数字货币涉及的技术，进一步展望了数字货币的未来，涉及世界流通货币、国际新货币体系、国际新经济秩序、可行的未来货币战略等内容。

朱兴雄

2023 年 6 月于北京

前言

数字货币,一个正在冉冉升起的前沿热点,引起了金融、科技、经济、社会各界的高度关注。数字货币有潜在能力促使现有的国际货币体系、金融体系、治理体系变革,以在世界新经济秩序中削弱金融霸权,促进全球经济共同发展和繁荣。

数字货币给世界各国央行、金融监管机构、财政当局带来了构建新货币体系的机遇与挑战。数字货币不只是一种技术,更是重构全球金融、经济秩序的契机。但是,除非数字货币先驱者为世界各地的个人、机构建立起创新、高效、稳定和安全的数字货币基础设施和市场环境,并积极参与其中,推动数字货币的发展,否则这一切都难以发生。

我们已经处在一个现金钞票、数字货币、电子支付并存的新时代。数字人民币的支付已经融入社会公共服务和人们的日常生活。数字货币、电子支付的便捷性、安全性非常明显,并且必将更加深入融入人们日常生活的方方面面。

本书切中科技前沿热点,纵论古今中外,旁征博引,深入浅出,关系国计民生,视野开阔,实用性强。通过阅读本书,不仅可以系统了解数字货币的相关知识,而且对数字货币的国际竞争、世界格局、新货币体系、新经济秩序和未来货币战略等有更为深入的理解。

本书分为5篇,共23章。

第一篇"数字货币概论",阐述了数字货币的发展历程,分析了数字货币的深度参与者,体验了数字人民币,包括认识数字货币、数字货币与法定货币、数字货币参与者、数字人民币4部分内容。

第二篇"数字货币之争",洞察了数字货币的细分种类、创新公司竞争、全球主流国家战略与监管,包括数字货币争奇斗艳、数字货币公司竞争、数字货币的国际纷争3部分内容。

第三篇"数字货币之利",纵览了数字货币市场走势、市场热潮、蕴藏的巨大利益和交易服务平台等,包括数字货币市场异彩纷呈、市场繁荣与热潮、比特币、数字货币交易平台、数字货币服务平台、数字货币流通6部分内容。

第四篇"数字货币技术",深入剖析了数字货币涉及的核心技术,直击技术本质,面向实例应用,包括共识机制、区块哈希算法、区块、点对点网络、闪电网络、智能合约6部分内容。

第五篇"数字货币的未来",论述了国际新经济、新金融、新货币体系的构建,彰显大国方略,包括世界流通货币、国际新货币体系、国际新经济秩序、可行的未来货币战略4部分内容。

全球各个国家的数字货币政策、法规不尽相同,请遵守本国的政策、法规。本书不构成任何对数字货币的投资、投机和操作建议,投资有风险,入市需谨慎。

目录

第一篇 数字货币概论

第1章 认识数字货币 ·· 2
   1.1 数字货币概述 ·· 2
   1.2 数字货币的发展历程 ·· 3
   1.3 数字货币种类 ·· 4
   1.4 数字货币市场 ·· 4
   1.5 数字货币的价值与意义 ·· 5

第2章 数字货币与法定货币 ·· 6
   2.1 货币的发展 ·· 6
   2.2 法定货币 ·· 7
   2.3 数字货币与法定货币的关系 ······································ 8
   2.4 共存与共赢 ··· 10

第3章 数字货币参与者 ··· 11
   3.1 发行人:发行数字货币 ·· 11
   3.2 矿工:解决算法难题,打包交易,获取奖励 ······················ 12

3.3 投机者：市场波动，多空获利 ·· 13
3.4 投资者：看好数字货币的长期价值 ······································ 13
3.5 研究者：站在金融科技创新的前沿 ······································ 14
3.6 交易所：买卖数字货币的平台，促进双方交易 ·························· 14

第 4 章 数字人民币

4.1 数字人民币：走在世界前列的央行数字货币 ···························· 16
4.2 数字人民币试点：实践出真知 ·· 17
4.3 数字人民币的未来 ·· 17
4.4 数字人民币的战略作用与意义 ·· 18

第二篇 数字货币之争

第 5 章 数字货币争奇斗艳

5.1 比特币：具有巨大影响力的加密货币 ·································· 22
5.2 以太币：以太坊平台的原生加密货币 ·································· 24
5.3 泰达币：Tether 网络的原生代币 ······································ 25
5.4 币安币：币安生态系统的加密货币 ···································· 26
5.5 艾达币：权益证明区块链平台的代币 ·································· 28
5.6 狗狗币：一种开源的点对点加密货币 ·································· 30
5.7 瑞波币：实时支付结算币 ·· 31
5.8 美元币：一种稳定币 ·· 32
5.9 波卡币：Polkadot 平台的原生代币 ···································· 33
5.10 UNI：Uniswap 发行的代币 ··· 34
5.11 比特币现金：比特币的分叉 ·· 35
5.12 SOL：Solana 区块链网络的原生代币 ·································· 36
5.13 莱特币：点对点的互联网货币 ·· 39
5.14 LUNA：Terra 协议的原生质押代币 ··································· 40
5.15 ETC：以太坊经典的原生代币 ··· 41
5.16 MATIC：Polygon 网络的原生代币 ····································· 42

5.17 ICP 代币：一种基于区块链技术的加密货币 ………………… 45
5.18 包装比特币：等价比特币支撑的 ERC-20 代币 ……………… 47
5.19 文件币：Filecoin 区块链的原生加密货币 …………………… 49
5.20 波场币：波场的原生代币 ……………………………………… 51

第 6 章 数字货币公司竞争 …………………………………………… 54
6.1 Coinbase：在纳斯达克交易所上市的数字货币交易所 ………… 54
6.2 币安：全球交易量最大的数字货币交易所 …………………… 55
6.3 以太坊：一个蓬勃发展的数字经济生态 ……………………… 56
6.4 比特大陆：全球数字货币集成电路硬件设备提供商 ………… 59
6.5 灰度投资：数字货币资产信托 ………………………………… 60
6.6 Chainlink：为智能合约调用外部数据的服务提供商 ………… 61
6.7 Aave：加密货币的存入与信贷平台 …………………………… 62
6.8 Gemini：数字货币交易所和信托公司 ………………………… 63
6.9 Kraken：创建较早的加密货币交易所 ………………………… 64
6.10 火币：数字货币交易所 ………………………………………… 65
6.11 FTX：数字资产衍生品交易平台 ……………………………… 66
6.12 Stellar：区块链支撑的跨境支付系统 ………………………… 67
6.13 Pantera 资本：专注于数字资产和区块链领域的机构资产管理公司 ……………………………………………………………… 68
6.14 BAT：基于注意力代币打造新一代广告生态的平台 ………… 69
6.15 Theta：去中心化的视频流媒体平台 ………………………… 70
6.16 ConsenSys：区块链技术公司 ………………………………… 72
6.17 Yearn Finance：去中心化金融平台 …………………………… 73
6.18 Crypto.com：全新的加密货币交易所 ………………………… 74
6.19 唯链：由区块链驱动的供应链平台 …………………………… 75
6.20 Block.one：高性能开源区块链软件的生产商 ………………… 77

第 7 章 数字货币的国际纷争 ………………………………………… 79
7.1 中国 ……………………………………………………………… 79

7.2 美国 ··· 79
7.3 欧盟 ··· 81
7.4 日本 ··· 82
7.5 德国 ··· 82
7.6 英国 ··· 83
7.7 法国 ··· 84
7.8 澳大利亚 ·· 85
7.9 俄罗斯 ··· 86
7.10 瑞士 ·· 87

第三篇 数字货币之利

第 8 章 数字货币市场异彩纷呈 ································ 90
8.1 市场排行榜：全球加密货币市值 Top40 ···················· 90
8.2 全球走势：波澜起伏的加密货币市场走势 ················· 94
8.3 交易所：全球加密货币交易所 Top20 ······················· 95
8.4 DeFi：去中心化金融 ··· 95
8.5 NFT：非同质化代币 ··· 96
8.6 区块链浏览器：浏览市场交易 ······························· 102
8.7 比特币 ETF：在传统证券交易所交易 ····················· 103
8.8 DApp：去中心化应用程序 ··································· 104

第 9 章 市场繁荣与热潮 ··· 107
9.1 发行数字货币 ·· 107
9.2 市场繁荣与泡沫 ··· 109
9.3 数字货币热潮 ·· 110
9.4 数字货币市场与安全性 ·· 111

第 10 章 比特币 ·· 114
10.1 比特币的创建 ··· 114

10.2 比特币的机制 …… 115
10.3 比特币交易 …… 117
10.4 比特币挖矿 …… 118
10.5 比特币网络 …… 120
10.6 软件实现 …… 121
10.7 比特币的特点 …… 121
10.8 比特币等加密货币 ATM 机 …… 122
10.9 比特币波澜壮阔的走势 …… 123

第 11 章 数字货币交易平台 …… 125
11.1 多平台终端 …… 125
11.2 数字货币行情 …… 125
11.3 现货市场和现货交易 …… 126
11.4 合约交易：期货合约、永续合约和期权合约 …… 127
11.5 交易费用：对矿工验证、确认交易的激励 …… 128

第 12 章 数字货币服务平台 …… 131
12.1 数字货币交易 …… 131
12.2 机构服务 …… 131
12.3 数字货币衍生品 …… 132
12.4 金融产品和业务 …… 132
12.5 数字货币钱包 …… 133

第 13 章 数字货币流通 …… 135
13.1 数字货币流通概述 …… 135
13.2 数字货币流通与监管体系 …… 135
13.3 关键点 …… 138
13.4 作用与效果 …… 139

第四篇　数字货币技术

第 14 章　共识机制 …………………………………………………… 142
  14.1　工作量证明：寻找随机数，以使区块哈希值小于目标值 …… 142
  14.2　权益证明：质押代币，参与生成、验证区块 ………………… 143
  14.3　空间证明：用存储空间挖矿 …………………………………… 145

第 15 章　区块哈希算法 ……………………………………………… 147
  15.1　SHA-256：对任意长度的数据做变换后输出 256 位值 ……… 148
  15.2　Ethash：用于以太坊的工作量证明算法 ……………………… 150
  15.3　Scrypt：通过提高内存需求防止并行攻击的算法 …………… 151

第 16 章　区块 ………………………………………………………… 152
  16.1　区块结构 ………………………………………………………… 152
  16.2　区块分类 ………………………………………………………… 154

第 17 章　点对点网络 ………………………………………………… 155
  17.1　以区块优先的初始区块下载法 ………………………………… 156
  17.2　以区块头优先的初始区块下载法 ……………………………… 157
  17.3　区块广播 ………………………………………………………… 159
  17.4　交易广播 ………………………………………………………… 161

第 18 章　闪电网络 …………………………………………………… 162
  18.1　闪电网络原理 …………………………………………………… 162
  18.2　闪电网络实现 …………………………………………………… 163

第 19 章　智能合约 …………………………………………………… 165
  19.1　智能合约原理 …………………………………………………… 165
  19.2　一个智能合约实例：实现简单的加密货币 …………………… 166

第五篇　数字货币的未来

第 20 章　世界流通货币 ·················· 170
 20.1　金本位 ·················· 172
 20.2　人民币 ·················· 175
 20.3　美元 ·················· 179
 20.4　欧元 ·················· 182
 20.5　数字货币 ·················· 185

第 21 章　国际新货币体系 ·················· 187
 21.1　国际货币体系演变 ·················· 187
 21.2　特别提款权 ·················· 190
 21.3　央行数字货币 ·················· 191
 21.4　数字稳定币 ·················· 195
 21.5　全球储备货币 ·················· 197
 21.6　国际货币竞争格局 ·················· 200

第 22 章　国际新经济秩序 ·················· 202
 22.1　繁荣的中国经济 ·················· 202
 22.2　美国、欧元区、英国、日本等经济体的宏观经济指标 ·················· 203
 22.3　数字货币时代的国际新秩序 ·················· 203
 22.4　国际新金融体系 ·················· 205

第 23 章　大国崛起与民族复兴：可行的未来货币战略 ·················· 208
 23.1　建立金银本位的人民币货币体系 ·················· 208
 23.2　推动人民币成为全球货币 ·················· 208
 23.3　推动数字人民币成为全球结算货币 ·················· 209
 23.4　推动人民币成为全球储备货币 ·················· 209
 23.5　促使数字人民币成为全球数字经济的主要货币 ·················· 210

第一篇

数字货币概论

第1章 认识数字货币

数字货币在科技、金融、经济等领域引人注目、表现亮眼，是国际社会高度关注的一个热点。在数字货币前瞻性创新方面，国际金融科技公司争奇斗艳。在数字货币创新应用和法规制定方面，主流国家间竞争激烈，力争夺得国际领先地位以提升核心竞争力。

本章将详细阐述数字货币的概念、发展历程、种类和市场等，阐明数字货币的价值与意义。

金融资产的价格、收益率和价值是时刻变化的。这意味着，你投资的任何标的都有风险①。

1.1 数字货币概述

数字货币是在数字计算机系统、云计算系统上，通过互联网管理、存储或交换的任何货币或类似货币的资产。数字货币的种类包括央行数字货币、加密货币和虚拟货币等。数字货币可以记录在互联网上的分布式文件、数据库、银行或公司的电子计算机数据库、区块链分布式节点、数字钱包或电子卡上。

数字货币表现出与传统货币相似的特性，但通常没有实体形式，这与纸钞或硬币不同。数字货币可以在互联网上进行实时交易，与传统货币存在形式上的差异，降低了传统货币的分发成本。由政府发行的数字货币逐步被确认为法定货币的有效组成部分，不是由政府发行的数字货币则未被视为法定货币。

---

① 本书不构成任何对数字货币的投资、投机、操作建议。投资有风险，入市需谨慎，投资者、投机者或者数字货币市场的参与者自负责任。

数字货币可以购买实物商品和服务，或者被限定在互联网中的某社群、游戏中使用。数字货币的使用范围在逐步扩大，比如使用比特币购买比萨饼、电动汽车等，数字货币红包、打赏等也在网络世界流行。总之，数字货币的推广使用在与日俱增，并且呈现爆发的态势。

加密货币（见图1-1）是数字货币的一个子类型，也是当今一款主流数字货币。

图1-1　加密货币

在默认情况下，本书中的数字货币是指加密货币。加密货币依赖密码算法，将资产转移、对等网络和分散化的数字签名链接在一起，并运用点对点网络、去中心化、共识机制等来创建、运营货币。当运用区块链技术时，数字分类账本存储在许多分布式服务器中。首个影响较大的加密货币是比特币，这是一种基于密码学的点对点的电子货币系统。

1.2　数字货币的发展历程

1983年，密码学家大卫·乔姆（David Chaum）提出了一种名为eCash的匿名加密电子货币；1995年，他通过DigiCash（早期的一种加密电子支付形式）实现了它，将所研究的理论进行商业化。

1998年，戴伟（Wei Dai）发表了对B-Money的描述，B-Money是一种匿名的、分布式的电子现金系统。

2009年，第一个去中心化的加密货币比特币出现，据说由中本聪（Satoshi Nakamoto）创建，他在工作量证明（PoW）方案中，使用了加密哈希函数SHA-256。

2013年，程序员维塔利克·布特林（Vitalik Buterin）提出以太坊（Ethereum）。2014年，他提出众筹开发以太坊。2015年7月，以太坊上线，该平台允许开发人员构建和运营去中心化应用程序。去中心化金融，即DeFi（Decentralized Finance），提供广泛的金融服务，无须传统的金融中介机构参与。以太坊还允许创建和交换NFT（Non-Fungible Token），即非同质化代币，非同质化代币与数字艺术品相关联。一些加密货币在以太坊区块链上基于ERC-20接口协议进行初始化代币发行和运作。

1.3 数字货币种类

截至2023年6月，已经有25438种不同的加密货币。主流加密货币包括比特币（BTC）、以太币（ETH）、泰达币（USDT）、币安币（BNB）、艾达币（ADA）、狗狗币（DOGE）等。

第一个去中心化的加密货币是比特币。比特币是开源的，所以对比特币的大部分代码做一些改变就可以推出自己的独立货币，许多人也正是这样做的。有些加密货币与比特币非常相似，如莱特币，而有些加密货币则较为不同，有不同的安全、发行和治理模式。然而，在比特币之后发行的每一种币都被认为是替代币，即代币。

价格波动一直是加密货币市场的特点之一。当资产价格向任何一个方向快速移动，而市场本身又很冷清，缺乏参与者时，交易就很难进行。为了解决这个问题，出现了一种新型加密货币，其价值与现有货币（如美元或其他某种法定货币）绑定，这种新的加密货币被称为稳定币。稳定币具有相对的稳定性，可以有多种用途。

1.4 数字货币市场

截至2023年6月，全球加密货币总市值为8.08万亿元人民币。其中市值最大的是比特币，市值为 3.70 万亿元人民币，总市值占比为 45.86%，当前单价为 19.06 万元人民币。市值排名第二的是以太币，总市值为 1.60 万亿元人民币。

全球加密货币总市值走势如图 1-2 所示，图中展示了 2013 年 4 月至 2021 年 6 月全球加密货币总市值的变化趋势，其中，2021 年 5 月加密货币总市值达到最高，为 17.03 万亿元人民币。

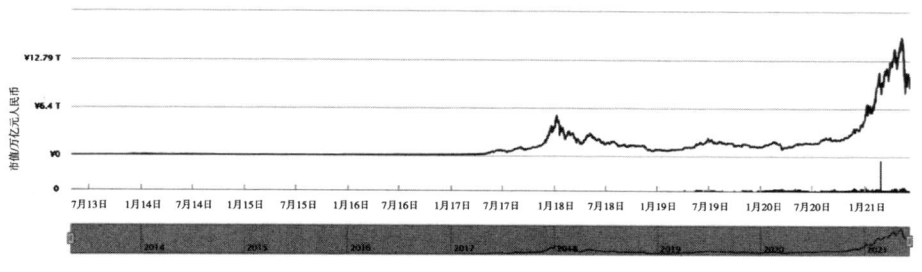

图 1-2　2013—2021 年全球加密货币总市值走势

1.5　数字货币的价值与意义

数字货币系统从发行、所有权记录、所有权转让授权和验证，到数字货币存储等，都是基于互联网分布式的去中心化系统。

数字货币系统不根据位置区分用户，允许其价值在用户间跨境流动。交易速度不受付款人、收款人位置的影响，并且几乎是实时的。

当然，也有人认为数字货币走势波动大，因此投资风险很大。

世界各国包括中国、美国、俄罗斯、日本等针对数字货币推出了相应的法律、法规，以规范、约束、引导或推动数字货币市场的发展。

数字货币给各国央行、金融监管机构、财政当局带来了构建新货币体系的机遇与挑战。

第 2 章　数字货币与法定货币

2.1　货币的发展

货币，狭义上指金钱，尤其指流通中的纸币和硬币，在使用或流通中充当交换媒介。一般来说，货币是价值的一般代表，也是充当一切商品等价物的特殊商品，不同国家的货币可在外汇市场上进行兑换交易。货币是由各国政府定义的，货币种类有人民币、美元、欧元、英镑、日元等。货币还分为法定货币、商品货币和代表性货币，这取决于货币价值的保证。

随着计算机技术、密码技术、互联网技术的发展，数字货币应运而生。去中心化的数字货币如雨后春笋般蓬勃发展。

最初，钱是一种收据，可代表粮仓中储存的粮食。在货币的第一阶段，金属被用作符号来代表以商品形式存储的价值。

在历史发展中，出现过多种形式的价值载体，包括珠子、象牙、牲畜、青铜、银、金等。中国古代货币如图 2-1 所示。

图 2-1　中国古代货币

金属本身就可以作为一种价值载体。有几种不同价值的硬币，包括铜币、银币和金币。黄金的稀有性使它比白银更有价值，同样，白银比铜更有价值。

宋朝（960—1279 年）时期出现的纸币交子，被认为是世界上最早的纸币。北宋时期的交子如图 2-2 所示。

纸币的出现是渐进式的，最初是为了替代繁重的金属货币，早期的形式是商行开出的存款收据，即本票票据。后来，政府逐渐接管了商行，并开始生产发行货币。由政府发行的统一标准的纸币，渐渐成为被人们广泛接受的货币。

相比金、银等金属，纸币携带起来更方便。但纸币的缺点也很明显：几乎没有内在价值，可以被大量印刷，而纸币供应量的增加会导致通货膨胀，从而导致经济泡沫。

图 2-2　北宋时期的交子

2.2　法定货币

法定货币是一种交换媒介，通常由政府监管并确立为货币。一般而言，法定货币几乎没有内在价值，但具有政府保证的交换价值。法定货币是用来替代商品货币和代表性货币而引入的。商品货币是具有自身内在价值的媒介，而代表性货币是代表具有内在价值的东西的货币。

政府发行的法定货币——纸币，最早于 11 世纪在中国使用。现在各国的法定货币体系都在推行纸币。

货币供应量有多个指标，如 M0、M1、M2 等。通常意义上，M0 表示流通中的纸币和硬币数量，即流通现金量；M1 表示 M0 加上商业银行活期存款量，即狭义货币供应量；M2 表示 M1 加上商业银行定期存款量，即广义货币供应量。

部分国家及地区的法定货币如表 2-1 所示。

表 2-1　部分国家及地区的法定货币

货币	货币代码
人民币	CNY
美元	USD
欧元	EUR
日元	JPY
英镑	GBP
澳元	AUD
加元	CAD
瑞士法郎	CHF
新西兰元	NZD
瑞典克朗	SEK
韩元	KRW
新加坡元	SGD
挪威克朗	NOK
墨西哥比索	MXN
印度卢比	INR
俄罗斯卢布	RUB
南非兰特	ZAR
土耳其里拉	TRY
巴西雷亚尔	BRL
丹麦克朗	DKK

2.3　数字货币与法定货币的关系

　　法定货币有稳固而庞大的基础、健全的监管、政府的支持、存款保险和央行储备等特性，不是国家政府当局发行的数字货币就不是法定货币。世界上有部分国家政府部门正在积极推动央行数字货币成为法定货币的组成部分。

我国央行就多次推动数字人民币的研究与试点应用。

截至 2021 年 6 月 11 日，全球货币供应量与比特币的对比如表 2-2 所示。人民币货币供应量排在全球第一位，美元货币供应量排在全球第二位。比特币的流通供应量市值排在全球 Top20 之内，达 1873.21 万个比特币。截至 2023 年 6 月，比特币价格为 190627.62 元人民币。

表 2-2　全球货币供应量与比特币的对比

名称	货币供应量
人民币（CNY）	226.21 万亿元
美元（USD）	20.41 万亿美元
欧元（EUR）	13.80 万亿欧元
日元（JPY）	1503.14 万亿日元
英镑（GBP）	3.33 万亿英镑
韩元（KRW）	4606.92 万亿韩元
印度卢比（INR）	189.61 万亿印度卢比
加元（CAD）	2.97 万亿加元
澳元（AUD）	2.47 万亿澳元
巴西雷亚尔（BRL）	8.11 万亿巴西雷亚尔
瑞士法郎（CHF）	1.15 万亿瑞士法郎
俄罗斯卢布（RUB）	59.21 万亿俄罗斯卢布
泰铢（THB）	23.23 万亿泰铢
比特币（BTC）	0.19 亿比特币
墨西哥比索（MXN）	12.50 万亿墨西哥比索
沙特里亚尔（SAR）	2.20 万亿沙特里亚尔
新加坡元（SGD）	0.75 万亿新加坡元
瑞典克朗（SEK）	4.51 万亿瑞典克朗
马来西亚林吉特（MYR）	2.08 万亿马来西亚林吉特
波兰兹罗提（PLN）	1.86 万亿波兰兹罗提

2.4 共存与共赢

现在,我们日常购物有多种多样的付款方式,比如现金支付、电子支付等。一个很明显的趋势是,我们已经越来越少使用现金了。同时,我国央行也多次在多个省市推出数字货币红包试点应用。我们已经处在一个现金支付、数字支付、电子支付并存的新时代。

使用数字支付、电子支付的优势很明显。在超市购物时,大家掏出手机扫描二维码即可立马支付,小额支付甚至都不用输入密码就可以完成交易,不需要经过传统方式中的收银员收钱、计算、找零的烦琐过程。很多新型超市甚至都不设收银员,用户扫描二维码自助支付。不仅超市,其他很多场合,如停车场缴费、快递付款等,都是使用扫描二维码的方式支付,这无疑大大提高了社会整体运行的效率。

当前现金支付、数字支付与电子支付共存共赢的局面,可以在确保货币体系稳定、提高社会运行效率的同时,增加货币支付的多样性。数字支付、电子支付的便捷性、高效率优势非常明显,必将更加深入地融入人们日常生活的方方面面。

第3章 数字货币参与者

3.1 发行人：发行数字货币

数字货币发行是指生成、分发新的数字货币，根据创建者设置的参数，以不同的方式进行。

比特币的发行是通过一个被称为"挖矿"的过程完成的。在挖矿节点投入大量计算资源来验证新的交易区块，然后生成全新的比特币作为对挖矿者的奖励。比特币的发行依赖挖矿和工作量证明共识算法。创世区块是比特币创始人挖掘创建的第一个区块，比特币中的其他区块都是由矿工挖掘创建的。在比特币达到最大供应量之前，每新生成一个区块都伴随着比特币的激励，即每当产生新的比特币，矿工便获得相应的比特币作为奖励。比特币每成功验证生成一个区块，矿工获得的比特币数量都会随之变化，大约每4年，比特币的奖励数量就相比之前减半。

2009年1月3日，比特币网络诞生，中本聪挖掘创建了比特币的创世区块，其区块号为0。比特币于首次推出时，每验证生成一个区块，奖励50个比特币。2012年，每验证生成一个区块的奖励减半至25个比特币。2016年，每验证生成一个区块的奖励减半至12.5个比特币。2020年5月，每验证生成一个区块的奖励减半至6.25个比特币。截至2023年6月，每验证生成一个有效的区块，矿工获得6.25个比特币。

有一些加密货币具有与比特币不同的发行形式，比如随着时间推移逐渐发行，或者预挖矿生成等。

有些加密货币，在初创公司或企业成立后，通过首次代币发行（Initial Coin Offering，ICO）销售提供给投资者。代币发行由智能合约定义，需要事先确定代币的最大供应量和初始总供应量等。投资者根据代币的前景来预判是否参与销售、投资和购买。

一种数字货币的供应量受限于数字货币发行时的协议的定义。在数字货币发行后，任何市场参与者或机构、组织都不能操纵或者强制更改其供应量。

比如，比特币的总供应量被限制在 2100 万个，要到 2140 年才能被全部开采出来。截至 2023 年 6 月，已开采出 1939.41 万个比特币，这个数量也是比特币目前的流通供应量。比特币 2100 万个总供应量已写在代码中，即已由协议定义好，无法篡改。

3.2 矿工：解决算法难题，打包交易，获取奖励

在比特币世界里，挖矿是指在区块链上验证和记录交易的过程，通过挖矿，可以赚取加密数字货币。真正执行挖矿操作的是计算机处理器等设备，如矿机（计算机设备）、专用集成电路（ASIC）等，而投资矿机、矿场（拥有几百、几千甚至几万台矿机的场所）的可能是个人、公司等。图 3-1 为北京比特大陆科技有限公司生产的矿机。

需要注意的是，各个国家的法律、法规对于加密数字货币的挖矿行为的规定不尽相同，挖矿行为在一些国家是禁止的，一定要遵守所在国家的法律、法规。

按区块格式要求，比特币矿工将交易打包成的区块加入区块链中，比特币作为其完成验证交易并生成区块的奖励。挖矿奖励发给首先解决复杂哈希难题的矿工，参与者成功挖矿的概率与其所占网络上的总挖矿算力的比例有关。一般使用 GPU（图形处理器）或专用集成电路设备成功挖矿的概率要高一些。

图 3-1 北京比特大陆科技有限公司生产的矿机

一个区块上可以容纳小到1笔、大到几千笔的交易，这取决于交易事务占用数据空间的大小。比特币区块链在挖掘过程中每10分钟生成一个新区块。矿工实际需要做的是，成为第一个找到符合要求的随机数（Nonce）的矿工。符合要求的随机数使得新区块的头部组合起来经过散列运算所生成的新哈希值小于目标哈希值。这基本上是一个不断尝试、比对的过程。计算一次的过程并不复杂，但需要不断地尝试，计算次数为万亿数量级，矿工需要很高的计算能力。挖矿需要较高的哈希率，以每秒哈希运算次数来衡量，如每秒百万次哈希运算（MH/s）、每秒十亿次哈希运算（GH/s）、每秒万亿次哈希运算（TH/s）等。

3.3 投机者：市场波动，多空获利

投机者通常在较短的时间内承受高风险、高回报或大亏损，会在没有确凿证据的情况下，形成关于某个主题的理论或猜想。无数的数字货币交易者在根本不了解数字货币市场基本面的情况下，将资金投向一个又一个名字醒目、网站华丽的数字货币，甚至对该数字货币本身的历史、运作方式、发行量、评估价值等一无所知，期待以低买高卖的做多方式，或高卖低买的做空方式赚取差价、获取收益。

在加密数字货币市场交易中，投机者是普遍存在的。投机者希望利用市场的每日波动，将许多小收益累加起来成为大收益，并且使用多种多样的交易方式操作。但每种交易方式都有不同的风险回报率，具体取决于投机者的时间框架和目标，日内交易是最难掌握且风险最大的一种交易方式。在现实世界中，不要投机超出自身所能承受损失的交易。

3.4 投资者：看好数字货币的长期价值

真正的投资者相信比特币等数字货币和区块链的长期价值，并期待数字货币能与美元、欧元等同台竞技，甚至能在一些领域优于传统货币，期待数字货币能在每一次大跌之后都重新起来，并延续数字货币的价值。同时，投资者认可数字货币给实体经济带来的效益，认为数字货币能够支撑金融服

务、企业服务。

投资者投资数字货币，以期获得长期收益。在投资者决定将资金投入某数字货币之前，需要花费大量的时间对该数字货币进行研究分析，以确保投资行为是安全的。对数字货币的分析通常涉及基本面分析、定量分析、定性分析和内在价值的分析测算等。

比如，投资者发现一个潜在的加密数字货币标的，该标的在他们的研究中符合标准条件，并且价值被低估了，若投资者购买的目的是长期持有，则应分析该数字货币的项目是否有实际用例、谁是项目的领导者，以及数字货币的市场规模是多少、价格是否合理、流通市值是多少、最大发行量是多少、具体的发行机制等，这些都是投资者需要考量的维度。

3.5　研究者：站在金融科技创新的前沿

数字货币、区块链技术都是金融科技的前沿领域，与人工智能、大数据、云计算领域一样，都存在着大量的科技工作者。这些科技工作者或在世界著名高校研究着加密算法、共识机制、网络协议等基础理论，或在科技前沿公司将理论应用于工程实践，研发源代码实现区块链、数字货币技术，从而推动产业发展。在金融科技领域云集了大量的计算机、金融、数学领域的研究人员，他们有着专业的基础理论知识，也有着创新的满腔热情。

数字货币领域需要具备宏观思维、擅长研究加密数字货币的人员，他们不仅要对计算机科学、分布式系统、网络、博弈论、区块链技术、金融有深入的了解，还要具备识别非常规性趋势和新兴技术的能力，以及拥有敏锐的头脑、开放的思想和强烈的求知欲。

数字货币研究者的数量在不断增长，与数字货币市场的蓬勃发展相得益彰。

3.6　交易所：买卖数字货币的平台，促进双方交易

加密货币交易所分为中心化交易所（CEX）和去中心化交易所（DEX）。值得注意的是，加密货币交易所在一些国家是被禁止的，一定要遵守所在国

家的法律。

中心化交易所是一个集中式交易所。用户在存入加密货币时，基本就放弃了对它的控制。在中心化交易所，用户没有私钥，这意味着当用户提款时需要交易所代表用户签署交易。

在去中心化交易所，用户有加密货币钱包，可以保管自己的加密货币资金，交易直接发生在两个用户的钱包之间。订单在具有智能合约的链上执行，用户不会放弃对其资金的保管。将多个智能合约串在一起，并提供激励措施，以确保充分的用户参与性和交易流动性。

加密货币交易所允许客户交易数字货币、法定货币等。加密货币交易可接受的付款形式有信用卡付款、电子支付等。通常将买卖价差作为加密货币交易所服务的交易佣金，或将加密货币交易所作为匹配交易平台，以收取交易手续费用。

加密货币交易所将加密货币发送到用户的个人加密货币钱包。有些中心化交易所，如币安、Coinbase 等，允许用户提取加密货币到个人钱包。但有些中心化交易所，如 Robinhood、eToro 等，不允许用户提取加密货币到个人钱包。

EtherDelta、IDEX 等去中心化交易所不将用户的资金存储在交易所中，而是促进用户点对点的加密货币交易，但目前交易量较低。

目前，全球加密货币交易量较大的交易所有币安、Coinbase、火币、Kraken、KuCoin、Bithumb、Bitfinex、Gate.io、Bitstamp、Coinone、OKX 等。

第 4 章　数字人民币

4.1　数字人民币：走在世界前列的央行数字货币

数字人民币又叫作数字货币电子支付，是由中国人民银行发行的数字货币，是数字形式的法定货币。数字人民币由指定的运营机构参与运营，运营机构兑换数字人民币给公众，公众以手机 App 等电子形式进行交易。数字人民币的价值与人民币钞票、硬币等同。

2014 年，中国人民银行成立专门团队，开始对数字货币的发行框架、底层技术、流通理论、国际经验等进行研究。2017 年，中国人民银行数字货币研究所成立。2017 年以来，中国人民银行组织大型商业银行和机构对数字人民币电子支付进行研发，随之采用双层运营、现金 M0 替代等方式，对数字人民币进行设计、研发、标准制定、规范、专利申请、联调测试、试点等工作。

使用数字人民币可以提高金融交易的效率。数字人民币付款二维码如图 4-1 所示，收款二维码如图 4-2 所示。

图 4-1　数字人民币付款二维码　　图 4-2　数字人民币收款二维码

4.2 数字人民币试点：实践出真知

2020年10月，在深圳市开展数字人民币红包试点，通过抽签方式将1000万元数字人民币红包发至中签者的数字人民币钱包，每个红包200元，共计5万个。

2020年10月，中国人民银行在《中华人民共和国中国人民银行法（修订草案征求意见稿）》中提出，人民币包括实物形式和数字形式。

2020年12月，在江苏省苏州市，采取抽签方式发放10万个数字人民币红包，每个红包200元，共计2000万元，可在指定线下商户或京东商城消费。

2021年1月，在深圳市福田区开启数字人民币试点。2月，"数字王府井 冰雪购物节"活动启动，共250多万名市民预约报名，共发放1000万元数字人民币红包。3~5月，成都、上海相继发起数字人民币红包测试。6月，"京彩奋斗者"活动开启，向中签者发放20万个数字人民币红包，每个红包200元，数字人民币红包可在近2000家商户消费使用。

目前，数字人民币已在北京、上海、深圳、成都、苏州等多个城市进行了一定规模的红包发放与消费使用的测试，并且多地市民积极踊跃参与，测试受到了一定程度的关注与热议，反响热烈。

数字人民币的支付功能已经融入社会公共服务和人们的日常生活。2021年8月25日，笔者在北京地铁成功使用数字人民币进行了一笔50元的消费，即给北京市政交通一卡通充值。笔者使用中国工商银行的手机App，打开其中的数字人民币钱包，通过"扫一扫"功能，扫了北京地铁站售票机上显示的二维码，成功进行了支付。使用数字人民币给北京市政交通一卡通充值的界面如图4-3所示。

4.3 数字人民币的未来

数字人民币以向数字经济提供通用的基础货币为目标，而民众日常的手机支付必定会成为通用、便捷的支付方式。

数字人民币以其创新、安全、便捷的特性，高效的付款、收款、转账操作，逐渐融入民众的日常消费支付中，相较于现钞支付更高效便捷的优势，日益显现出来。

图 4-3　使用数字人民币给北京市政交通一卡通充值

可以预见，在交易额以万亿计的电子商务的支付中，数字货币无疑会逐渐成为主角。数字货币与数字经济一同发展，也必将从试点、试用到被大众普遍使用，逐渐成为主流的货币流通方式，交易额也会随数字经济的发展壮大水涨船高。

4.4　数字人民币的战略作用与意义

数字人民币可以为国际交易和跨境支付提供更经济、快捷的方案。数字人民币是流通中人民币现金的补充，也是数字经济发展的基础货币。

与比特币等数字货币相比，数字人民币由中国人民银行发行，有国家信用背书，而比特币等数字货币并非国家发行，且不具备法偿性。

数字人民币必将会被世界各国借鉴学习，在各国央行数字货币领域引领潮流。

数字人民币的创新推出，走在世界各国的前列，对于提升人民币的国际竞争力有着重要作用，是人民币增强国际影响力的重要契机。数字人民币对于中国在世界金融领域和经济领域的竞争将发挥重大战略作用，具有深远的影响力和重要意义。

第二篇

数字货币之争

第 5 章 数字货币争奇斗艳

目前,全球数字货币有 2.5 万多种,包括比特币、以太币、币安币、狗狗币、瑞波币等,各种数字货币竞相绽放、争奇斗艳。数字货币如图 5-1 所示。

图 5-1 数字货币

5.1 比特币:具有巨大影响力的加密货币

比特币是一种新型货币,使用点对点技术在没有中心机构的情况下运行,交易管理和发行由比特币网络执行。比特币是开源的,设计是公开的,没有人能控制或者拥有比特币网络。比特币拥有许多特性和创新应用,具有传统支付系统无法涵盖的能力。比特币的标识如图 5-2 所示。

图 5-2 比特币的标识

比特币个人用户可以在计算机或者手机上安装比特币钱包,比特币钱包将生成用户的比特币地址,当他人想要购买时,用户就可以提供地址,以便他人支付。

所有确认的交易都包含在区块链中。区块链是一个公共账本，整个比特币网络都依赖于此。区块链允许比特币钱包计算其可支出余额，以便验证新交易。区块链的完整性和时间顺序由密码算法执行。

交易是包含在区块链中的比特币钱包之间的价值转移。比特币钱包包含着一个称为私钥或种子的秘密数据，用于签署交易、提供数学证明，证明所交易的比特币来自钱包的所有者。签名可以防止任何人篡改已经发布的交易。所有交易都会广播到网络，通常会在10～20分钟内通过挖矿的过程确认交易。

挖矿是一种分布式共识过程，用于通过将待处理的交易包含在区块链中来确认交易。在区块链中通过挖矿过程加强时间顺序，保护网络的中立性，并允许不同的计算机就系统的状态达成一致。比特币交易必须打包在区块中，该区块符合由区块链网络验证的严格的密码规则，密码规则会防止先前的区块被修改，否则后续的所有区块将无效。任何团队或个人都无法控制区块链中已包含的内容或替换区块链中的某些内容。

在移动设备上进行比特币的交易非常简单：在个人的比特币钱包应用程序中显示二维码，让付款方扫描二维码进行支付，或者让使用NFC（近场通信）无线电技术的两部手机近距离接触，然后确认支付即可。

比特币交易由数学密码算法提供有力的个人资金安全保障。加密签名可以防止他人花费自己的资金。对于工作量证明共识机制，其算法所需的计算能力，可以防止他人撤销、控制交易。比特币系统采取安全措施保护个人钱包，可提供有力的资金安全保障，并提供强大的防范欺诈的保护措施。

比特币网络系统随时随地运行，从不休息。无须要求比特币的接收方使用与发送方相同的软件、钱包或服务提供商，只需接收方告知发送方其比特币地址，即可以进行交易。

当比特币在进行快速国际支付时，并不会像传统的银行那样需要几个工作日的等待时间。比特币在进行国际转账时没有额外费用，对于所发送的最低金额、最高金额也没有特殊限制。

比特币的交易双方可以在匿名情况下进行交易，如此可以保护交易双方的身份隐私。

对于企业来说，传统的信用卡支付有时会面临被撤销付款的问题。拒绝付款的欺诈行为会影响市场应用范围，进而对商家造成不利影响。比特币支付是不可逆的且安全的，这意味着商家不再需要承担被欺诈的成本。

世界各地越来越多的商家开始接受比特币，现实世界中直接使用比特币交易的范围在逐渐扩大。

5.2 以太币：以太坊平台的原生加密货币

以太坊是一个去中心化的开源区块链，具有智能合约的功能。以太币（ETH）是以太坊平台的原生加密货币，在加密货币市值中排第二位。以太坊是一种技术，是数字货币、全球支付和应用程序社区，可让用户以少量费用将加密货币发送给他人。以太坊最初由程序员维塔利克·布特林（Vitalik Buterin）于 2013 年在以太坊白皮书中提出；2015 年 7 月，以太坊上线，初始发行。以太坊的标识如图 5-3 所示。

以太坊建立在对比特币的创新之上，但两者又有很大的不同。两者都是在没有支付提供商或银行的情况下使用数字货币，但以太坊是可编程的，它可以被用于许多不同的数字资产。以太坊还是一个集金融服务、游戏和应用程序于一体的市场。在以

图 5-3 以太坊的标识

太坊上运行的产品和服务，有适用于金融、社交媒体、游戏的去中心化应用程序（DApp）。

以太币是以太坊的命脉，为以太坊提供动力。当用户发送以太币或使用以太坊应用程序时，用户需要以以太币支付少量费用才能使用以太坊网络。这笔费用是对矿工处理和验证用户交易的激励。矿工不仅要确保以太坊安全，而且要确保该工作不受集中控制。

以太币不是以太坊上唯一的加密货币。以太坊上有数以千计的代币，开发人员不断构建新的代币，以解锁新的可能性并打开新的加密货币市场。许多加密货币在以太坊区块链上作为 ERC-20 代币运行，并利用该平台进行初

始代币的发行。ERC-20 代币标准为智能合约中的代币实现了 API（应用程序接口），许多加密货币已作为 ERC-20 代币推出，并已进行首次代币发行。ERC-20 代币标准提供的功能包括将代币从一个账户转移到另一个账户，以获取账户的当前代币余额，以及获取可用代币的总供应量。

以太坊已经开始实施一系列称为以太坊 2.0 的升级工作，包括共识机制向权益证明（PoS）的过渡，并使用分片来提高交易吞吐量。

以太坊上有两种类型的账户，即用户账户和合约。用户可以将以太币发送到以太坊账户，也可以调用合约的任何公共功能或者创建新合约，并通过其地址在区块链中进行识别。

用户账户可以创建交易。要使交易有效，需使用发送账户的私钥签名，这是一个只有账户所有者知道的长为 64 个字符的 16 进制字符串（32 字节，256 位）。

合约具有相关代码、一组函数、变量申明，以及合约存储的变量值。合约是被动实体，在执行其代码期间，可以发送以太币，并读取和写入其存储的变量值。以太坊虚拟机（EVM）是以太坊智能合约的运行环境，是一个 256 位的寄存器堆栈。

Gas 是 EVM 中用于计算交易费用的记账单位，交易费用是交易发送方支付给矿工的以太币数量，而矿工将交易验证包含在区块链中。EVM 可以执行的每种类型操作都使用一定的 Gas 成本，Gas 量与节点执行该操作所需消耗的资源量成正比。Gas 价格通常以 Gwei 计算，Gwei 是 ETH 的子单位，相当于 10^{-9} ETH。

以太币作为数字货币和价值存储，而以太坊网络可以创建和运行去中心化应用程序与智能合约。在以太坊上每 12～15 秒验证一次以太坊区块，而在比特币上约每 10 分钟验证一次。比特币的最大供应量为 2100 万个，而以太币的供应量没有上限。

5.3 泰达币：Tether 网络的原生代币

泰达币是 Tether 网络的原生代币，以 USDT 符号进行交易。泰达币是一种颇具争议的加密货币，Tether 公司声称泰达币由美元支持，但其真实性受到质疑。截至 2023 年 6 月，泰达币成为全球加密货币市场上日交易量和月交易量最高的加密货币。目前，在市场表现上，每个泰达币的价格基本维持在 1 美元左右。泰达币的标识如图 5-4 所示。

泰达币曾被命名为 Realcoin，于 2014 年初发行，基于比特币区块链，使用 Omni 协议。2015 年，加密货币交易所 Bitfinex 在其平台上启用泰达币进行交易。

图 5-4 泰达币的标识

泰达币声称其专门设计了法定货币和加密货币之间的桥梁，可以将现金转换为数字货币，并将加密货币的价值锚定在相应的法定货币的价格上。

泰达币声称其结合了开放式区块链技术和传统货币的共同优势，将现金转换为数字货币，将数字货币的价值与美元、欧元等货币的价格锚定，并声称每个泰达币都是由储备金支持的，其中包括传统货币和现金等价物，以及其他资产和应收款；储备金总价值与流通中的所有泰达币的价值相匹配，储备资产将定期公布；通过加密程序、多重认证等方式来保护和管理客户资产。泰达币试图利用区块链作为分类账的功能来记账数字货币，并试图带来法定货币的稳定性和日常效用，以及通过加密货币的引入实现互联网化、数字化。

泰达币声称其是一种反映美元价格的稳定币，由总部位于中国香港的 Tether 公司发行。

泰达币声称其与美元挂钩是通过保持商业票据、信托存款、现金、储备回购票据和国库券的储备量来实现的。泰达币声称其基本上不受加密货币价格大涨大跌的影响，这一特性使泰达币成为加密货币投资者的避风港，在高波动时期，将投资停放在泰达币，以避免加密货币市场风险。泰达币总供应量没有硬编码的限制。然而，由于 Tether 公司声称每个泰达币都应该有 1 美元资产支持，因此泰达币的数量将受到实际资产储备的限制。Tether 公司定期提供透明报告，列出其资产储备和负债总额，负债总额对应于流通中的泰达币数量。

5.4 币安币：币安生态系统的加密货币

币安币（BNB）是为币安生态系统提供动力的加密货币，可使用 BNB

支付商品和服务，在币安智能链上结算交易费用等。币安币的标识如图5-5所示。

BNB于2017年6月首次代币发行，最初作为ERC-20代币发行，在以太坊网络运行，总供应量为2亿个。随着发展演变，目前BNB包括三种形态：币安链上的BNB BEP-2、币安智能链上的BNB BEP-20、以太坊网络上的BNB ERC-20。

BNB在币安生态系统有众多用例，如可使用BNB支付旅行费用、购买虚拟礼物、进行商品支付、奖励、创建智能合约等。BNB还为在币安链上和币安智能链上运行的应用程序提供支持，这意味着可以在币安交易平台之外使用BNB。

图5-5　币安币的标识

BNB除了用在币安交易所进行交易和支付费用外，还得到社区的信任，并用在越来越多的机构中进行商品和服务消费。

币安交易所声称其匹配的引擎每秒支持多达140万个订单，加密货币交易速度快、吞吐量大。币安交易所还具有多层和多集群系统架构，以及用户安全资产基金，对用户账户提供保护。BNB具备较好的流动性，在多个加密货币当中拥有较大的交易量。

一些用户将BNB存储在币安账户或加密货币钱包应用程序Trust Wallet（这是较方便的币安钱包）上。在币安交易所，BNB可交易兑换150多种加密货币，币安交易所提供了多种交易对。

在每个季度，币安燃掉部分BNB，以永久减少BNB的供应，增加价值。燃掉的BNB数量是根据币安的整体季度交易量计算的。每季度的燃币将持续到总共1亿个BNB被销毁，这相当于BNB总供应量的50%（见表5-1）。截至2021年8月17日，币安已累计燃掉3186.2964万个BNB，如图5-6所示。

据CoinMarketCap统计，截至2023年6月，BNB市值在加密货币中排第四名，流通供应量是155855742个BNB。

表 5-1   2020 年第三季度至 2021 年第三季度币安燃币情况

销毁周期	销毁数量
2020，Q3（第 12 次）	3477388 BNB
2020，Q4（第 13 次）	2253888 BNB
2021，Q1（第 14 次）	3619888 BNB
2021，Q2（第 15 次）	1099888 BNB
2021，Q3（第 16 次）	1296728 BNB

币安交易所目前是全球最大的加密货币交易所，已经在众多不同的领域中推广服务，并声称其使命是成为整个区块链生态系统的基础设施服务提供商。币安生态系统是一个独特的去中心化、基于区块链网络的生态系统，为用户推出了具备一整套功能的生态系统。币安网络包括币安链、Trust Wallet 等，币安币是币安许多子项目成功运作的一个组成部分。

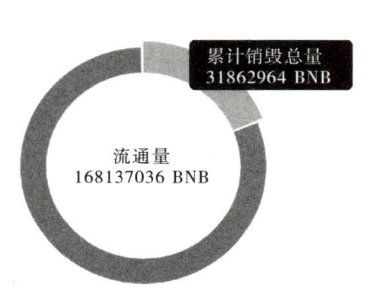

累计销毁总量
31862964 BNB

流通量
168137036 BNB

图 5-6 币安季度燃币以减少供应并升值

币安币开始是以太坊区块链上的传统 ERC-20 代币，而 ERC-20 代币依赖权益证明共识，这使得它们具有较强的可扩展性，并允许创建智能合约。后来，币安引入了自己的区块链，币安币的部分形态开始在币安区块链上发行。

5.5 艾达币：权益证明区块链平台的代币

卡尔达诺（Cardano）是一个权益证明区块链平台，建立在同行评审研究的基础上，为分散的应用程序、系统和社区提供安全性和可持续性，通过其生态系统内的加密货币艾达币（ADA）首次代币发行。艾达币的标识如图 5-7 所示。

CARDANO

图 5-7 艾达币的标识

　　Cardano 始于 2015 年，正在发展为一个具有多资产分类账和可验证智能合约的 DApp 开发平台，其 Ouroboros（一个权益证明协议）实现了 Cardano 网络的去中心化，并使 Cardano 能可持续地扩展以满足全球需求。该协议建立在基础研究之上，并受到建立更安全和透明的全球支付系统愿景的推动。

　　权益池是可靠的服务器节点，专注于维护各种利益相关方的联合权益并将其保存在一个实体中。权益委托是 Cardano 权益证明协议中固有的一种机制，即使在权益相关者高度分布的情况下，该机制也允许协议进行扩展。Cardano 的实现是高度模块化的，它包括节点、命令行界面（CLI）、钱包、数据库同步、GraphQL API 服务器、REST API 组件、SMASH 服务器等组件。

　　Cardano 具有以下特点：①可扩展性。确保分类账能处理大量交易而不影响网络性能。提供更高的带宽能力，允许交易携带大量支持数据，而这些支持数据可以被轻松管理。实施各种技术，包括数据压缩和启用多个侧链功能等。②互操作性。用户可以与跨各种区块链的多种货币进行交互，确保金融、商业的多功能环境。与中心化的银行实体的互操作性对于授予使用的合法性和便利性同样重要。③可持续性。构建一个可持续发展的权益证明区块链系统。Cardano 旨在通过参与、提出和实施系统改进以使社区保持持续发展。资金系统由社区控制，并不断从潜在来源中补充，例如新铸造的代币作为资金、一定比例的权益池奖励和交易费用等。

　　Cardano 使用形式化方法构建，以提供对系统核心组件功能的正确性保证。Cardano 的研究与技术规范都是公开的，开发活动都是在线发布。在系统设计方面，Cardano 采用 Haskell 编写，Haskell 是一种安全的函数式编程语言。在功耗方面，因 Cardano 采用权益证明共识机制，所以与采用工作量证明机制相比，Cardano 需要更少的能源和更低的计算能力。Cardano 社区由 2000 多个分布式权益池维护，所有区块和交易均由网络参与者验证。Cardano 旨在推动去中心化金融，开发一系列 DApp，为多种需求提供多资产代币。

5.6 狗狗币：一种开源的点对点加密货币

狗狗币（DOGE）是一种开源的点对点加密货币，被宣传为有趣且友好的互联网货币。狗狗币的标识如图5-8所示。

狗狗币于2013年12月正式上线，从莱特币分叉而来。狗狗币与莱特币的不同之处在于几个参数：狗狗币的出块时间是1分钟，而莱特币的出块时间是2.5分钟；狗狗币在工作量证明机制中使用Scrypt算法，而比特币使用SHA-256算法；狗狗币要使用专用的FPGA（现场可编程门阵列）和ASIC挖矿设备，这些设备生产更复杂；狗狗币在互联网打赏系统上获得更多青睐，如Reddit社交媒体用户可以用狗狗币打赏提供有趣内容的人。

图5-8 狗狗币的标识

狗狗币最初的供应量限制在1000亿个，到2015年中，第1000亿个狗狗币已被开采，此后每年还另外有50亿个币增量投入流通，所以狗狗币的总供应量没有实施硬性上限。狗狗币每一分钟生成一个区块，每挖矿生成一个区块将给予矿工狗狗币奖励。与其他加密货币相比，狗狗币的一个优势是每笔交易的能耗相对较小。

部分代表狗狗币的铜/银代币带有私钥出售，如图5-9所示。

图5-9 代表狗狗币的铜/银代币

据 CoinMarketCap 统计，截至 2023 年 6 月，狗狗币的市值为 94.51 亿美元（约 712 亿元人民币）。

矿工可以单独开采狗狗币，也可以通过加入矿池的方式进行开采。一个狗狗币矿工可以在 Windows、Mac 或 Linux 操作系统上用 GPU 来挖掘狗狗币。

部分狗狗币被用作 Reddit 等社区的小费，以奖励社区用户对社区优质内容的创造或分享，因此用户也可以通过参与使用数字货币的社区来获得狗狗币。

5.7 瑞波币：实时支付结算币

瑞波币（XRP）是一种用于支付的数字资产，是 XRP 账本上的原生数字资产，其基于开源、无须许可，由去中心化的区块链技术实现。瑞波网客户可以利用 XRP 提升跨境交易中的流动性。通过 RippleX 开放式开发者平台，开发人员可以在小额支付、电子商务和点对点的用例中利用瑞波币。瑞波币的标识如图 5-10 所示。

XRP 分类账由社区独立参与者维护，独立的验证节点就 XRP 交易的顺序和有效性达成一致。共识协议是最终且不可逆转的解决方案。账本每 3~5 秒就所有未完成的交易达成共识，此时会发布一个新的账本。任何人都可以成为验证者，如今账本上的活跃验证者节点包括大学、交易所和金融机构。

图 5-10 瑞波币的标识

跨 XRP 分类账的付款在约 4 秒内确认、结算，耗时较短。交易的确认一般要经过后续多个区块生成后，比如记录前一区块的哈希值，区块之间链接，才能逐渐确认。比特币交易确认、结算时间约为 60 分钟，莱特币交易确认、结算时间约为 10 分钟，以太币交易确认、结算时间约为 2 分钟。

XRP 每秒处理 1500 笔交易，7×24 小时运行，并且声称可以扩展到与处理 Visa 相匹敌的吞吐量，每秒 65000 多笔交易。

Ripple 是实时结算系统、货币兑换和汇款网络，于 2012 年发布，旨在实现支撑安全、即时的大规模的金融交易，且不会产生退款。在支付交易时，Ripple 立即验证账户和余额以进行支付传输，并在几秒内发送支付通知。付款是不可逆转的，没有退款。

Ripple 声称，它的共识验证系统可以与银行现有网络集成，越来越多的金融机构采用 Ripple 协议，为消费者提供另一种汇款选择。国际资金清算系统声称，它的市场主导地位正在受到 Ripple 的挑战。

5.8 美元币：一种稳定币

美元币（USDC）是一种开源的、基于智能合约的稳定币。金融应用的互操作性需要价格稳定的价值交换媒介手段，Centre 推出 USDC，声称其法币代币支持稳定币技术，旨在给加密货币带来稳定性。USDC 是一种 ERC-20 代币，在支付、投资、交易和贸易融资方面提供了可能性，随着它的多种法币代币的推出，它的生态系统也在不断完善。美元币的标识如图 5-11 所示。

随着越来越多的商品和服务被代币化表示，智能合约平台将成为价值交换的基本构建模块。Centre 声称，它的开源和透明的稳定币框架为开发人员提供了一种在区块链应用程序中使用现实世界货币的可

图 5-11 美元币的标识

行方法，且稳定币由受监管和获得许可的金融机构发行，这些机构需保持等值法币的全部储备。发行人必须定期报告其法币储备持有量，如每月发布有关法币储备持有量的报告。

USDC 是一种与美元挂钩的数字稳定币，在以太坊、Stellar 等上运行。USDC 由 Circle 创立的名为 Centre 的财团管理，成员包括加密货币交易所 Coinbase 和比特币采矿公司 Bitmain（比特大陆）等。

USDC 于 2018 年 5 月首次宣布，2018 年 9 月正式启动；2021 年 3 月，Visa 宣布将允许客户使用 USDC 在其支付网络上进行交易结算。

目前，从市场表现来看，每个 USDC 的价格基本维持在 1 美元。

5.9 波卡币：Polkadot 平台的原生代币

波卡币（DOT）是 Polkadot 平台的原生代币。波卡币的标识如图 5-12 所示。

Polkadot 是一个平台，允许不同的区块链以免信任的方式传输消息，包括价值。Polkadot 采用一种可扩展的、异构的多链技术，不对网络中链的性质或结构做任何假设。Polkadot 可被认为等同于一组独立的链，并增加了重要内容：池化安全和链间可信任交易。与单一链的实现不同，Polkadot 提供了一个中继链，大量的可验证数据结构可以被托管在这个链上，

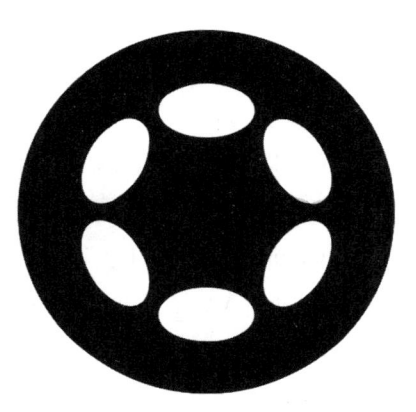

图 5-12　波卡币的标识

这些数据结构被称为平行链。Polkadot 由许多具有潜在不同特征的平行链组成。交易可以分散到各个链上，允许在同一时间段内处理大量的交易。Polkadot 的一个主要用例是实现链之间的互操作性，无论它们是私有链还是公共链。互操作性允许不同的链进行任意消息传递，包括价值。

Polkadot 于 2016 年发布白皮书。Polkadot 网络的第一个概念证明 POC-1 于 2018 年 5 月发布。Polkadot 网络的创世区块于 2020 年 5 月启动，作为权威证明（Proof of Authority，PoA）网络于同年 6 月演变为权益证明网络，将链的治理权交给了代币 DOT 持有者。

Polkadot 验证器执行两个功能：一是验证一组指定的平行链块中包含的信息是否有效，如交易方的身份和合同标的。二是参与共识机制，根据其他验证者的有效性声明来生成中继链区块。验证者将获得 Polkadot 原生代币 DOT 奖励。

截至 2023 年 6 月，Polkadot 网络以约每 3 秒生成一个区块的速度运行。

5.10 UNI：Uniswap 发行的代币

Uniswap 是去中心化交易协议，保证大量用户和以太坊应用程序交易的流动性。Uniswap 不断发展的协议生态系统，使开发者、流动性提供者和交易者能够参与到一个开放的、所有人都可访问的金融市场中。Uniswap 是一种用于在以太坊创建流动性和交易 ERC-20 代币的协议。它消除了所谓的可信中介机构和不必要的租金提取形式，从而实现了快速、高效的交易。UNI 是 Uniswap 发行的代币。UNI 的标识如图 5-13 所示。

Uniswap V1 是其协议的第一个版本，于 2018 年 11 月推出。

使用 Uniswap，需要一个以太坊钱包和一些以太币，然后用 Uniswap 来提供流动性和交换代币。另外，以太坊上的每笔交易都需要花费以太币，这笔花费称为 Gas 费，是支付给矿工以保持网络运行的费用。

图 5-13 UNI 的标识

Uniswap 是一种自动流动性协议。由模板智能合约定义一种标准方式，使流动性池和相应的市场相互兼容。每个矿池都由一个智能合约定义，其中包含一些功能以支持交换代币、增加流动性等。每次有人交易时都要更新矿池跟踪储备。由于储备会自动平衡，因此 Uniswap 始终可以用于买卖代币，而无须交易对手。

Uniswap 与以太坊生态系统中的任何 ERC-20 代币都能兼容。如果希望某代币项目能在交易界面中被搜索到，则可将该代币添加到信誉良好的代币列表或使用查询参数指向该代币的链接。一旦通过链接加载，代币就被添加到交易界面。

Uniswap V3 为每个代币对引入了多个池，每个池都有不同的交换费用。流动性提供者最初会以三个费用级别创建池，这三个费用级别分别是 0.05%、0.30%、1%。而 UNI 治理可能会增加更多的费用。很少交易的资产会收取更高的费用。

自动做市商是以太坊上持有流动性储备的智能合约。用户可以按照固有公式确定的价格与这些储备进行交易。任何人都可以为这些智能合约贡献流动性，从而赚取一定比例的交易费用作为回报。

Uniswap 在 2020 年 9 月首次代币发行，在初始发行时，发行了 10 亿个 UNI，并将分 4 年时间按一定比例分配给 Uniswap 社区成员、团队成员及员工、投资者、顾问等。在 Uniswap 首次代币发行 4 年后，将对 UNI 开启永续通胀率（每年 2%的通胀率），以保证 Uniswap 的持续参与和贡献。

5.11　比特币现金：比特币的分叉

据 CoinMarketCap 统计，截至 2023 年 6 月，比特币现金（Bitcoin Cash，BCH）市值为 21.51 亿美元，BCH 的流通供应量为约 1941 万个，最大供应量将为 2100 万个。比特币现金的标识如图 5-14 所示。

2017 年，由于担心比特币的可扩展性，比特币项目及其社区一分为二，结果是比特币硬分叉，创建了比特币现金。比特币现金是一种新的加密货币，支持者认为它是比特币项目作为点对点电子现金的延续。所有比特币持有者自动成为比特币现金所有者，第 478559 区块是分叉后比特币现金生成的第一个区块，发生在 2017 年 8 月 1 日。比特币现金的目的是扩大规模，以满足支付系统的需求。在比特币分叉时，比特币现金的区块大小从 1MB 增加到 8MB，区块大小的增加，意味着比特币现金可以处理更多的交易，提高系统吞吐量，同时保持较低的费用，解决用户在比特币网络上遇到的支付延迟和高费用问题。目前，比特币现金的每个区块大小的限制增加到 32MB。比特币现金分叉后的第一个区块（高度 478559）详情如图 5-15 所示。

图 5-14　比特币现金的标识

比特币现金是一个点对点的现金系统，具有快速支付、小额费用、保护隐私和高效交易等优点。

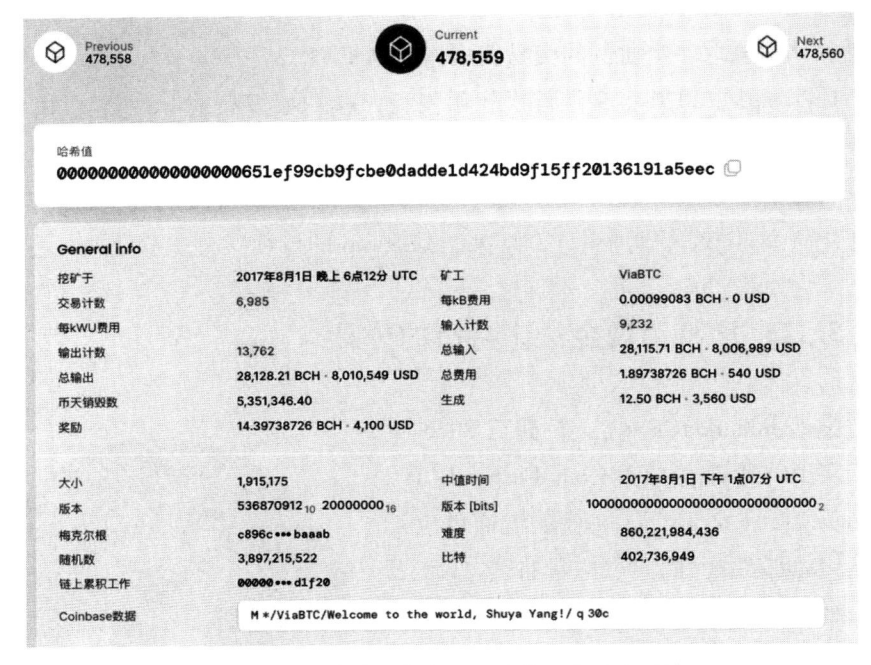

图 5-15　比特币现金分叉后的第一个区块详情

数据来源：Blockchair。

比特币现金矿工需要运行一个完整的节点软件，以建立区块并连接到比特币现金网络，矿工往往把他们的哈希率集中起来，按比例分享赚取的区块奖励。

5.12　SOL：Solana 区块链网络的原生代币

Solana 是一个快速、安全且抗审查的区块链。截至 2021 年 8 月 15 日，总交易数达 240.92 亿次，平均每笔交易费用为 0.00025 美元，节点数是 1329 个，出块时间为 400 毫秒。一些 DeFi、Web 3.0 和区块链游戏的项目选择建立在 Solana 上。在 Solana 测试网中，一个由物理上不同的 200 个节点组成的网络在使用 GPU 运行时，支持每秒超过 50000 次交易的持续吞吐量。SOL 是 Solana 区块链网络的原生代币。SOL 的标识如图 5-16 所示。

Solana 的特点包括：利用历史证明和其他几项突破性创新，使网络能够以摩尔定律的速度扩展；低成本，不用担心随着用户的增长而增加费用，Solana 旨在为拥有数十亿用户的应用程序保持低廉费用；可组合，Solana 的单一全局状态确保了项目之间的可组合性，无须处理多个分片或第 2 层系统；随着生态系统的发展，Solana 具有超快速度，且低费用规模不断扩大。

图 5-16　SOL 的标识

多项关键创新使 Solana 网络成为性能强大的区块链，包括历史证明（Proof of History，PoH）共识机制、Turbine 区块传播协议、流水线交易验证等。

历史证明是一个可以验证的延迟函数，具体实现使用了一个连续的、对前一个图像具有抗碰撞性的散列 SHA-256，该散列连续运行，将前一个输出用作下一个输入，定期记录计数和当前输出。这样可以确定，在每个计数器产生的过程中，真实的时间已经过去了，而且记录的每个计数器的顺序与真实的时间是一样的。通过将数据附加到之前生成的状态中来插入序列中，状态、输入数据和计数都是公开的，可以证明数据是在被追加之前的某个时间创建的。虽然记录的序列只能在单个 CPU（中央处理器）核心上生成，但输出可以并行验证。PoH 将信息录入 PoH 序列。

Tower BFT，即塔式拜占庭容错算法（Byzantine Fault Tolerance，BFT），一个 PoH 优化版本的实用拜占庭容错算法（Practical Byzantine Fault Tolerance，PBFT）。Tower BFT 利用 PoH 作为共识前的时钟，以减少消息传递的开销和延迟。

Turbine 是一个区块传播协议。高性能区块链的挑战之一是，网络如何将大量的数据传播给大量的对等节点。Turbine 借鉴了 BitTorrent，针对流媒体进行了优化，仅通过用户数据报协议传输数据，并在区块生成者传输数据时通过网络实现每个数据包的随机路径。区块生成者将块分解为最大 64 KB 的数据包，对 128MB 的区块，按每笔交易 250 字节计算大约可容纳 512000 个交易，产生 2000 个 64 KB 的数据包，并将每个数据包传输到不同的验证器。另外，每个验证者都将数据包重传给一组对等节点，这组对等节点称为邻域，每个邻域负责将一部分数据传输给自己下面的邻域。

湾流（Gulf Stream）是 Mempool-less 的交易转发协议。内存池是一组已提交但尚未被网络处理的交易，当内存池上升时，会对整个网络产生"瓶颈"影响。Solana 验证器可以管理 100000 个交易数量的内存池大小，这意味着在 50000 TPS 的网络吞吐量下，100000 个交易的内存池在几秒钟内就可以执行完毕，这是 Solana 成为性能强大的免许可区块链的原因。Solana 将交易缓存和转发推送到网络边缘，称为 Gulf Stream。

Sealevel 在并行智能合约运行时，并行处理成千上万的智能合约。Solana 能并行处理交易的原因是，其交易描述了在执行时将读取或写入的所有状态，这不仅允许非重叠交易并发执行，还允许仅读取相同状态的交易并发执行。交易指定一个指令向量，每条指令都包含程序、程序指令和交易想要读写的账户列表。在 Solana 上，每条指令都会提前告诉虚拟机它想要读取和写入哪些账户。对数以百万计的待处理交易进行排序，并行调度所有非重叠交易。Sealevel 利用 CPU 和 GPU 硬件的设计方式，可以在所有可用的统一计算架构内核上并发执行所有交易。

流水线（Pipelining）用于验证优化的交易处理单元，是一种快速验证大量交易块的方法。在 Solana 网络上，交易处理单元通过内核级别的数据获取 GPU 级别的签名验证和 CPU 级别的 Banking，并在内核空间写入。

横向扩展的账户数据库（Cloudbreak）利用内存映射文件，账户更新是写时复制并附加到随机固态硬盘（Solid-State Disk，SSD），Solana 获得了顺序写入和跨多个 SSD 横向扩展写入的好处，在许多 SSD 上横向扩展写入，用于并发交易；Cloudbreak 还执行了一种垃圾收集的形式，旧的无效账户会被当作垃圾回收并释放内存，内存空间可再用。

归档者（Archivers）采用分布式账本存储，是 Solana 的 PB 级区块链数据存储解决方案。PoH 技术允许快速验证复制证明（PoRep）的实施，并使比特洪流式的账本分布在全球数百万个复制者节点上。归档者不是共识的参与者，对硬件要求相对较低，且必须向网络发出信号，它们有多少字节空间可用于存储数据，网络就将分类账历史分成几块，根据复制者身份的数量和归档者总的可用存储空间达到某种复制率和容错率。一旦归档者数据分配完成，归档者就会从共识验证器上下载各自的数据，就会因为他们的工作而获得 3% 的货币通胀率所对应的货币增发。

5.13 莱特币：点对点的互联网货币

莱特币（LTC）是一种点对点的互联网货币，可以向世界各地使用者进行即时、低成本的支付。Litecoin 是一个开源的全球支付网络，是完全去中心化的，从数学算法上保证了网络安全。莱特币具有较快的交易确认时间和较好的存储效率。莱特币凭借大量的行业支持、交易量和较好的流动性，被视为成熟的商业媒介。莱特币的标识如图 5-17 所示。

图 5-17 莱特币的标识

莱特币具有较高的交易量。由于莱特币生成区块具有较高的频率，所以 Litecoin 网络支持更多的交易，商家可以获得更快的确认时间，同时在销售大宗商品时有能力等待更多的确认。

目前，矿工每挖掘一个区块获得 12.5 个新的莱特币，这个数额大约每 4 年进行一次减半，Litecoin 网络计划总共供应 8400 万个莱特币。

据 CoinMarketCap 统计，截至 2023 年 6 月，莱特币的市值为 64.36 亿美元（约 484 亿元人民币），流通供应量为 7309.7 万个莱特币。

莱特币是基于比特币协议创建的。莱特币的区块生成时间仅为 2.5 分钟，交易费用低，因此适合小额交易和销售点支付。

2011 年 10 月 7 日，莱特币通过 GitHub 上的一个开源客户端发布。2011 年 10 月 13 日，Litecoin 网络正式上线，而后它在商家中的使用率和接受程度都大幅提升。

莱特币交易速度快、成本低、效益高，其交易通常能在短短几分钟内得到确认。

莱特币是比特币核心客户端的源代码分叉，使用了不同的散列算法，使用 Scrypt 以及稍微修改过的图形用户界面。用于挖掘莱特币的 FPGA 和 ASIC 设备，与比特币使用的 SHA-256 相比，制作起来更加复杂，成本更高。

5.14 LUNA：Terra 协议的原生质押代币

Terra 是一个去中心化的基础设施，为货币创新提供动力，以其稳定币协议、Oracle 系统、智能合约和大规模用户采用计划，为新的数字经济提供基础性的构建模块。Terra 是一个区块链协议，支持稳定的可编程支付和开放的金融基础设施发展，由与一篮子法币挂钩的稳定币支持。Terra 围绕支付建设生态系统，提供有竞争力的可编程支付、物流和基础设施，为建立在效率和规模上的行业应用提供动力。

Terra 推出了多种稳定币，如 Terra USD（UST）、Terra KRW（KRT）、Terra IMF SDR（TerraSDR）等。主流稳定币 USDT、USDC 声称其使用美元现金或等价资产做支撑，而 Terra 的稳定币 UST、KRT、TerraSDR 则使用 Terra 的原生代币 LUNA 进行兑换，兑换后会有一定比例的 LUNA 被燃掉。

LUNA 是 Terra 协议的原生质押代币，通过在质押机制中的作用，确保 Terra 稳定币的价格稳定，并调节验证者的激励。LUNA 是整个 Terra 网络和生态系统的基础资产。LUNA 的主要功能是通过质押锁定 Terra 生态系统内的价值来保护 Terra 机制的完整性。LUNA 持有人和委托人面临在波动的资产上保持长期头寸的风险，质押奖励提供了对 LUNA 所有权保持长期兴趣的激励。LUNA 的标识如图 5-18 所示。

图 5-18 LUNA 的标识

Terra 通过算法，根据需求的波动调整其供应量来实现价格稳定。比如 Terra 的需求增加，表现为 Terra 交易量增加，以及 Terra 价格飙升，因此 Terra 运用平衡方法，反作用来确保其价格不偏离挂钩点。Terra 增加供应以补偿额外的需求，即扩张；反之，叫作收缩。

TerraSDR 与 LUNASDR、Terra 与 LUNA 互换的协议市场为做市商提供了一个有弹性的货币政策，既对价格偏差敏感又能迅速做出反应，通过套利者从差价中获利，应用平衡力量。只要 Terra 生态系统内有阈值水平的需求，无论是 LUNA 价格还是 Terra 交易量，都在货币和质押品之间来回交换价值，以维持挂钩的平衡行为，防御动荡波动。

除了 Terra 货币的价格稳定机制，LUNA 也有一个需求稳定机制：通过调整挖矿奖励、调节交易费用和 LUNA 燃掉率，来抵消 Terra 经济带来的波动。

Terra 的价值通过鼓励更多企业接受 Terra 来实现增长。LUNA 的价值是通过鼓励质押、稳定的挖矿奖励和有保证的增长来维持的；智能合约允许用户通过引入自定义逻辑来扩展 Terra 区块链的能力。

目前，Terra 声称拥有超过 200 万的总用户。

Terra 主网于 2019 年 4 月启动，之后，推出了与美元、韩元、国际货币基金组织特别提款权（SDR）一篮子货币挂钩的稳定币；Terra 的原生代币 LUNA 被用来稳定 Terra 协议稳定币的价格。

Terra 已经与一些支付平台建立了伙伴关系。2019 年 7 月，Terra 宣布与韩国的移动支付应用 Chai 建立合作关系，在电子商务平台上使用该应用所进行的交易，通过 Terra 区块链网络进行处理，每笔交易都要向商家收取费用。

Terra 区块链使用基于 Tendermint 的权益证明共识算法，其中 LUNA 代币持有者将其代币作为质押品来验证交易，并根据所质押的 LUNA 数量来获得奖励。

5.15　ETC：以太坊经典的原生代币

以太坊经典是以太坊的一个硬分叉，于 2016 年 7 月推出，主要功能是作为一个智能合约网络，承载和支持 DApp，它的原生代币是 ETC。ETC 的标识如图 5-19 所示。

据 CoinMarketCap 统计，截至 2021 年 8 月 16 日，ETC 市值为 93.5 亿美元，流通供应量为 1.289759 亿个 ETC，未来最大供应量为 2.107 亿个 ETC。

ETC 自推出以来，一直试图与以太坊区分开来，随着时间的推移，两个网络的技术路线差异逐渐增大。在一次重大黑客事件导致 360 万个 ETH 被盗后，ETC 首先着手保持好现有 Ethereum 区块链的完整性。

以太坊上有争议的硬分叉发生在 2016 年 7 月，当时参与者对是否消除重大黑客盗窃 ETH 的影响产生了分歧。以太坊经典保留了以太坊区块链的原貌，而不是人为地反击 The DAO 黑客。

作为一个自愿性组织，ETC 的开发者不打算将网络变成一个营利性实体。与以太坊不同的是，以太坊经典并没有计划未来转换为权益证明挖矿算法。ETC 使用工作量证明挖矿算法，其功能与比特币类似，矿工通过相互竞争验证区块链而获得激励，目前每生成一个区块，奖励矿工 3.2 个 ETC。

以太坊经典保持了以太坊网络原始、未修改的历史，其主网最初于 2015 年 7 月 30 日发布。然而，由于一个第三方项目被黑，以太坊基金会在 2016 年 7 月 20 日创建了一个新版本的以太坊主网，实施了一个不规则的状态改变，将 The DAO 盗窃案从以太坊区块链历史中删除，以太坊基金会将商标应用于新的、改变了的以太坊区块链版本，即以太坊。旧的、未改变的以太坊版本被重新命名，称为以太坊经典。

图 5-19 ETC 的标识

ETC 区块 1920000 是第一个不被包括在分叉的以太坊链中，而在以太坊经典中的区块，是由以太坊经典的矿工在 2016 年 7 月 20 日生成的。

与比特币不同，以太坊经典以一种称为状态转换的方式使用账户和余额进行操作，这并不依赖未使用的交易输出（UTXOs），其状态表示所有账户的当前余额和其他数据。状态不存储在区块链上，而是存储在一个单独的 Merkle Patricia Tree（MPT）上。ETC 等加密货币的钱包存储于公钥和私钥或地址，有了私钥，就可以在区块链中写入，并有效地进行数字货币交易。

5.16 MATIC：Polygon 网络的原生代币

Polygon 是一个结构良好、易使用的以太坊扩展和基础设施开发平台。Polygon 有效地将以太坊转变为一个成熟的多链系统，具有安全性，充满活力并且开放。Polygon 是第二层区块链扩展解决方案，在不篡改原始区块链去中心化及安全特性的情况下增加吞吐量，旨在通过解决区块链的可扩展性问题，来促进加密货币的大规模采用。而第一层区块链扩展解决方案是通过改变基本协议，如将工作量证明转向权益证明共识算法，或采用分片扩展方式等，来促进加密货币的大规模采用。Polygon 结合了 Plasma 框架和权益证明的区块链架构，可在基础设施上容纳大量的去中心化应用，到目前为止，Polygon 已经吸引了 50 多个 DApp 到其以太坊侧链上。Polygon 拥有在单一侧链上每秒高达 65000 笔交易的能力，以及不到 2 秒的区块确认时间。

MATIC 是 Polygon 网络的原生数字加密安全实用代币，是 Polygon 网络生态系统的主要组成部分，MATIC 代币将作为以太坊区块链上符合 ERC-20 标准的数字代币而发行，是在 Polygon 网络生态系统内互动的参与者之间的支付和结算单位。MATIC 鼓励参与者在 Polygon 网络上贡献和维护生态系统，在 Polygon 网络上执行各种功能都需要计算资源，如验证区块和发布证明，这些资源的提供者将得到 MATIC 的奖励，为网络提供这些资源，即可在 Polygon 网络上采矿，以维护网络完整性。只有对网络维护做出实际贡献的用户才能获得代币奖励。

CoinMarketCap 的数据表明，截至 2021 年 8 月 21 日，MATIC 的市值达 100.21 亿美元，流通供应量达 64.59 亿个 MATIC。MATIC 的标识如图 5-20 所示。

图 5-20　MATIC 的标识

Polygon 是一个协议和框架，用于构建和连接兼容的 Ethereum 区块链网络，在以太坊上聚集可扩展的解决方案，支持多链以太坊生态系统。Polygon 结合了以太坊和区块链的优点，成为一个完整的多链系统，解决了一些痛点，如高额的 Gas 费用、较慢的速度和低吞吐量等。

去中心化应用程序正在被大量提出，但目前的区块链生态系统还没有完全准备好扩大规模以满足大规模采用的最终用户应用程序的需求。区块确认速度较慢、交易费用高、可扩展性低、用户体验较差是区块链应用大规模采用的关键障碍。目前，区块链交易较缓慢，吞吐量非常有限，大多数基于工作量证明的区块链协议对区块大小有限制，并且需要一定的时间来生成一个区块，由于潜在的链重组，每笔交易还必须等待多个区块确认。

基于 PoS 的区块链，能够用 PoS 实现高吞吐量的区块链是以去中心化为代价的，这些限制往往是公共区块链确保安全和去中心化的必要条件，其中一个区块需要通过网络传播，并由所有节点验证以达到最终效果。

Polygon 最初叫作 Polygon 网络，后来，随着解决方案范围的扩大，改名为 Polygon。Polygon 通过使用一个高吞吐量的区块链，区块链的共识是由一组选定的区块生产者提供的，使用权益证明层来验证区块，并将区块生产者产生的区块定期证明——Merkle 根——发布到以太坊主链上，这有助于实现去中心化，同时保持较快的区块确认时间。Polygon 使用多条侧链，大幅提升吞吐量，旨在通过使用改编版的 Plasma 框架建立一个去中心化平台，解决区块链生态系统所面临的问题。

Staker 需要存入押注代币以获得资格，并在 Polygon 中发挥重要作用，验证交易，并在主链上使用 PoS 共识机制，以 2/3 多数的方式提出检查点，还在其中选择满足一定标准的区块生产者在侧链上生产区块。区块生产者的选择标准是使区块生成时间更短。

Polygon 在检查点层使用权益证明和在区块生产者层使用生产者的双重策略，以实现更快的区块时间，同时，通过使用检查点和防欺诈机制在主链上实现最终结果。通过这种机制，Polygon 在主链上实现了高度去中心化和最终性的高转码速度。以太坊 Root 合约将以太坊作为基础链，通过区块头和检查点非常有效地执行了偿付能力。

在检查点层，任何人都可以将 MATIC 代币押在根合约上，成为 PoS 检查点层中的 Staker。

用户在主链的 MATIC 合约中存入加密资产，一旦存入加密资产，代币在主链上就会得到确认，代币将使用 MATIC 存款桥出现在 MATIC 链上。MATIC 链有更快的区块确认时间，少于 2 秒。以太坊主链与多条 MATIC 侧链的方式加快了用户转账交易的确认时间，提高了吞吐量，属于用户的资产很容易从主链上存入和提取到侧链上。

Polygon 的公共检查点层在设计上支持多侧链，在理论上可以有无限多的侧链在安全和分散的检查点层下工作。以太坊主链是 Polygon 安全集成的第一个基础主链，使用 Plasma 框架的适应性实施，Polygon 打算整合多个领先的智能合约平台、加密货币，为用户提供一个通用的平台，以便能够使用、交换来自各种区块链的资产。Polygon 还可以为大型去中心化交易所托管来自多个区块链的资产提供一个强大的基础。

5.17 ICP 代币：一种基于区块链技术的加密货币

互联网计算机协议（Internet Computer Protocol，ICP）扩展了公共互联网的功能，ICP 可以托管后端软件，并转变为全球计算平台。据 CoinMarketCap 统计数据，截至 2023 年 6 月，ICP 代币的市值达 18.09 亿美元，流通供应量为 4.36 亿个 ICP 代币。

开发人员可以直接在公共互联网上安装互联网计算机代码来创建网站、构建企业 IT（信息技术）系统和互联网服务。互联网计算机试图解决长期困扰信息技术的问题，并提供一种手段来扭转和消除对互联网服务和数据日益增长的垄断。

互联网计算机在一个防篡改的环境中托管原生软件，从而可以创建不依赖防火墙、备份系统和故障转移来确保安全性的系统。互联网计算机框架还使不同系统之间的互操作性像函数调用一样简单，并自动保留内存，消除对传统文件的需求，使组织能够免除数据库服务器等独立基础设施。互联网计算机试图解决当前的安全挑战，同时显著降低 IT 系统的复杂性和成本。

为解决互联网服务日益增长的垄断问题，通过对自主软件的支持，互联网计算平台上的开放式软件在无所有者的情况下运行，其运行的主流互联网服务平台有社交网站、聊天软件、SaaS 服务等。这些新的开放服务消除了大型垄断平台风险，为创业者和用户提供新的机会。

互联网计算机由先进的去中心化协议形成，该协议称为互联网计算机协议，运行于世界各地的独立数据中心，将单个计算机的功能结合到一个可持续运行的全球系统。在该全球系统中托管和运行互联网原生软件，具有与智能合约相同的安全保证，与域名系统（DNS）等互联网标准集成，并直接向网络浏览器和智能手机提供用户体验服务。

要参与创建互联网计算机等开放网络，数据中心首先要获得一个数据中心身份（DCID）。DCID 是通过一个算法治理系统获得的，算法治理系统是网络计算机本身的一部分，称为网络神经系统（NNS）。一旦数据中心获得 DCID，就可以使节点机器即具有标准化规范的服务器计算机用于网络。当互联网计算机需要更多容量时，网络神经系统会引导这些节点机器形成子网以托管软件容器。

截至 2023 年 6 月，互联网计算机网络查询调用时间为 0.2 秒，更新调用时间为 2 秒，每秒生成 21.21 个区块。

数据中心以 ICP 代币的形式获得报酬，ICP 代币为计算和存储提供动力。设计 ICP 的目的是使互联网计算机以开放的方式进行管理，并且可以不受限增长。

目前，运行在互联网计算机之上的项目案例有 Fleek，区块链版的 Netlify 为互联网计算机带来了去中心化的网页托管，随着数以千计的网页部署，Fleek 使用户可以在 Web 3.0 上部署自己的内容。DSCVR 是一个去中心化的 Reddit 版本，建立在互联网计算机上，可以从浏览器中直接访问。OpenChat 即去中心化的消息传递，在区块链上实现实时信息传递。

互联网计算机可以扩展智能合约的计算和数据，以网络速度运行，有效地处理和存储数据，并为开发人员提供强大的软件框架。互联网计算机系统提供了一种创新的方法，可以构建代币化互联网服务、泛行业平台、去中心化金融系统，甚至搭建企业系统和网站。

DFINITY 基金会是一个总部位于瑞士苏黎世的非营利性科研组织。2020 年 12 月，DFINITY 基金会推出了互联网计算机的 Alpha 主网。2021 年 5 月，DFINITY 基金会将互联网计算机推广到公共领域。

互联网计算机的目的是拓展公共互联网，其包含数十种先进技术，如链密钥技术、网络神经系统、非交互式分布式密钥生成等。链密钥技术由一套协同构成互联网计算机节点的加密协议组成。

ICP 代币促进网络治理，可以被锁定以创建神经元，通过投票参与网络治理，并获得经济奖励，其允许数以万计的社区成员管理互联网计算机网络。ICP 代币生成计算周期 Cycles，提供了一个可以转换为周期 Cycles 的价值来源，并以燃料的角色为计算提供动力。Cycles 与 SDR 挂钩，SDR 是由国际货币基金组织定义的逻辑上的货币单位，1 个 SDR 价值的 ICP 可以转换为 1 万亿 Cycles。通过开采新的 ICP 来奖励重要角色，为参与治理者提供投票奖励，为操作节点机器托管网络者提供奖励，为其他杂项活动提供奖励，等等。

5.18 包装比特币：等价比特币支撑的 ERC-20 代币

包装比特币（Wrapped Bitcoin，WBTC）是一个以比特币 1∶1 支撑的 ERC-20 代币，其完全透明、可验证，并由社区主导。包装比特币的标识如图 5-21 所示。

WBTC 给以太坊生态系统（包括去中心化交易所和去中心化金融应用程序等）带来更大的流行性。WBTC 将比特币的流动性带到中心化交易所，并使得用比特币进行代币交易成为可能。WBTC 将比特币标准化为 ERC-20 代币格式，为比特币创建了智能合约，这使得编写比特币转账的智能合约更加容易。为了支持多种货币，

图 5-21　包装比特币的标识

维护各种节点和管理交易类型的工作很繁重，但有了 WBTC 后，交易所、钱包和支付应用程序只需处理以太坊节点即可。

资产代币化可以提高交易的速度，以太坊区块每 12～15 秒创建一次，交易可以在 5 分钟内确认，且不可撤销。比特币的平均区块生成时间为 10 分钟，交易确认要 6 个区块生成时间。以太坊的区块生成速度较比特币的区块生成速度更快，交易确认速度也更快。代币的托管人必须定期证明储备，因为缺乏 1∶1 的支持就会破坏整个系统。了解你的客户（Know Your Customer，KYC）和反洗钱限制也适用于 WBTC 用户，这些限制需要在购买、赎回或转让代币时强制执行。

WBTC 涉及几个关键角色：托管人，持有资产的机构或一方，持有铸造代币的密钥，目前由 BitGo 担当；商户，商户在分发 WBTC 方面发挥作用，

持有启动 WBTC 铸造或燃掉的密钥，由 Kyber Network（链上流动性协议）、Ren（原 Republic 协议，提供区块链间流动性的协议）担当；用户，WBTC 的持有者，用户可以转移和交易 WBTC 代币，就像以太坊生态系统中的任何其他 ERC-20 代币；WBTC DAO（去中心化自治组织）成员，合约的变更，以及托管人和商户的增加、删除，由多重签名合约控制。

托管人与商户之间交换资产以换取 WBTC，通过两种不同类型的交易来铸造（创建）或者燃烧（减少）WBTC。这两种不同类型的交易是公开的，任何人都可以通过区块链浏览器查看。托管人为所有商户准备了一个集合钱包，该钱包使用多重签名，所有密钥都由托管人控制，该钱包只能发送至白名单上的商户地址。WBTC 铸币由托管人完成，但需要由商户发起。商户旨在保持缓冲的 WBTC，以便其可以与用户交换。

WBTC 铸币的过程：首先，商户发起一笔交易，授权托管人铸造 x 个 WBTC 到商户的以太坊地址；其次，商户发送 x 个 BTC 给托管人；然后，托管人等待 6 次 BTC 交易确认；最后，托管人在以太坊链上铸造 x 个新的 WBTC 代币。

用户收到 WBTC 代币的过程：首先，用户向商户申请 WBTC 代币；其次，商户执行必要的反洗钱、KYC 程序，并从用户那里获得身份信息；最后，用户和商户进行原子交换，或使用可信的交换方式，商户接收比特币，而用户则接收 WBTC。

CoinMarketCap 数据表明，截至 2023 年 6 月，WBTC 市值达 41.29 亿美元（约 300 亿元人民币），流通供应量为 156628 个 WBTC。

WBTC 是比特币的代币化版本，在以太坊 ETH 区块链上运行。WBTC 符合 ERC-20 代币以太坊区块链的基本兼容标准，可以完全融入去中心化交易所、加密货币借贷服务、预测市场和其他支持 ERC-20 代币的去中心化金融应用程序的生态系统。WBTC 通过一个自动监测的商家和托管人网络，以 1:1 的比例得到比特币的支持，并确保其价格与比特币挂钩，允许用户以去中心化的自主方式在 BTC 和 ETH 网络间转移流动。当用户通过商户和托管人的系统购买 WBTC 时，WBTC 被自动铸造，而在用户出售 WBTC 以换取 BTC 时，WBTC 被燃掉销毁。

WBTC 于 2018 年 10 月首次发布，并于 2019 年 1 月正式推出。由于

WBTC 是以比特币 1∶1 支撑的 ERC-20 代币，因此流通中的 WBTC 代币数量直接取决于 WBTC 网络中的比特币储备量。

5.19 文件币：Filecoin 区块链的原生加密货币

Filecoin 是一个点对点的网络，具有内置的经济激励机制，以确保文件长期可靠地被存储。Filecoin 促进了任何人都可以参与的存储和检索文件的开放市场的发展，包括区块链网络和文件币（FIL）。文件币的标识如图 5-22 所示。

在 Filecoin 中，用户付费将文件存储在存储矿机上，存储矿机是负责存储文件的计算机，用来证明用户在一段时间内正确存储了文件。任何想存储自己文件或因存储用户文件而获得报酬的人都可以加入 Filecoin。可使用的存储以及存储的价格不受任何单一公司控制。

存储矿工通过存储文件获得 FIL。Filecoin 的区块链记录了发送和接收 FIL 的交易，存储矿工证明他们正在正确存储文件。

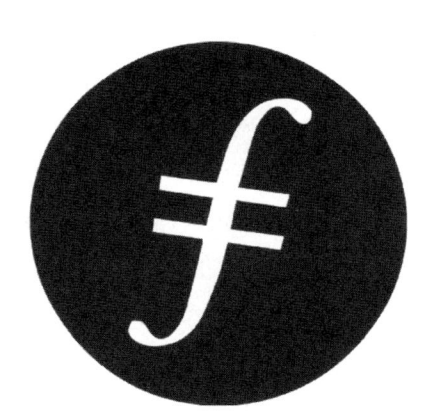

图 5-22 文件币的标识

Filecoin 存储文件分为四个步骤：第一，想要存储文件的普通用户向矿工支付 FIL，并存储文件；第二，矿工通过 Filecoin 的区块链公开承诺存储该文件；第三，网络不断验证矿工是否正确存储了文件；第四，用户向矿工支付 FIL，以检索他们的文件。

Filecoin 使用户能够以极具竞争力的价格存储他们的文件，并验证他们的文件是否被正确存储。用户可以通过选择存储方案最适合其需求的矿工，在成本、冗余和速度之间进行权衡选择。实施 Filecoin 的应用程序可以与网络上的任何矿工协商存储。任何时候，用户都可以通过查看 Filecoin 区块链上的证明来验证他们的文件是否被正确存储。

对于存储提供商，Filecoin 使其能够在公开市场上出售他们的存储服务。

存储供应商是运行矿机的人和组织,通过供应存储赚取文件币。矿机可以是任何连接互联网的计算机,有多余的磁盘空间或专门为 Filecoin 建立的专用的存储系统。Filecoin 的区块链奖励矿工为互联网贡献有价值的存储,而不是将能源消耗在工作量证明之中。一旦存储供应商实施了 Filecoin 协议,他们就能进入 Filecoin 用户的整个市场。存储供应商不需要设计他们自己的存储 API 或宣传他们的产品,因为这些是由 Filecoin 的协议和网络处理的。Filecoin 通过消除进入壁垒,使独立存储供应商形成一个繁荣的、全球分布式的生态系统。

Web 3.0 是软件开发领域的一场运动,它将集中式的应用变成了分散式的协议,建立在 Web 3.0 架构上的应用不再有单一的控制点,而是可以去除中间人。Web 3.0 允许文件在对等节点之间共享,这对 Filecoin 至关重要。

Filecoin 网络是一个分布式的、点对点的网络,由以不同方式参与的 Filecoin 对等者组成,对等者通过安全通道进行通信并向网络分发信息,在对等者之间传输数据,并发现其他对等者,保持一个良好连接的"蜂群",即使有成千上万的对等者参与,信息(如区块和消息)也会迅速流动。

Filecoin 节点或客户端是 Filecoin 区块链的对等体,验证每个区块中的信息并提供一个全球状态,节点可以管理文件币钱包,并接收其上的文件币。Filecoin 节点通过广播向网络发布不同类型的消息。例如,客户端可以发布消息,将文件币从一个地址发送到另一个地址,节点可以向 Filecoin 矿工提出存储和检索交易,并在执行时付款。运行一个 Filecoin 节点是一个低层次的任务,通常意味着保持一个程序 7×24 小时运行。目前有多个 Filecoin 节点实施方案,其中 Lotus 方案是最先进的。

Filecoin 矿工通过执行不同类型的交易并向链上追加新的区块为网络提供服务,系统每 30 秒新增一个区块,然后收取文件币奖励。运行 Filecoin 矿工是一项技术性很强的任务,需要完成必要的证明,因此有较高的硬件要求。Lotus 矿工是先进的 Filecoin 矿工实施方案。

在 Filecoin 中有两种主要类型的交易,即存储交易和检索交易。存储交易是客户与存储矿工之间的协议,即在网络中存储一些数据,一旦交易启动,并且矿工已经收到所要存储的数据,矿工就会反复向链证明其仍在按照协议存储数据,以便可以收到奖励。检索交易是客户与检索矿工之间的协议，即提取存储在网络中的数据。检索交易与存储交易不同，检索交易是在链外完成的，客户使用支付渠道为收到的数据逐步付款。

存储矿工须证明他们是按照交易的条款来存储数据的，这意味着存储矿工必须存储由客户提交的所有数据，也必须在交易的整个生命周期内存储数据，使用复制证明（PoRep）。矿工使用时空证明（PoST）来证明已经收到了所有的数据，以及其仍然在存储与交易相关的数据。

系统将交易或证明纳入链中，会消耗网络上的计算和存储资源，Gas 是衡量信息消耗资源的一种方式，一条信息消耗的 Gas 直接影响其所需要支付的费用。系统根据信息消耗的 Gas 数量向矿工支付费用。一定量的费用被燃掉（发送到不可恢复的地址），以补偿网络资源支出，因为所有节点都需要验证信息，这个理念基于以太坊 EIP-1559。

行为体（Actor）是一种管理状态的软件设计模式，账户、矿工和任何有状态的东西（如账户余额）都是作为一个行为体来实现的。对 Filecoin 区块链当前状态的任何改变都必须通过行为体触发。

Filecoin 建立在成熟的项目之上（如 libp2p），涉及网络、寻址、消息分发。其中星际链接数据（InterPlanetary Linked Data，IPLD）涉及数据格式、编码和内容寻址数据结构，星际文件系统（InterPlanetary File System，IPFS）实现数据传输，Multiformats 实现面向未来的数据结构。

截至 2021 年 8 月 14 日，文件币市值达 71.11 亿美元。

5.20 波场币：波场的原生代币

波场（TRON）是全球较大的区块链去中心化应用操作系统，具备高吞吐量（TPS），通过改善 TPS 来实现；具有可扩展性，支持大量的用户；具有高可靠性，即可靠的网络结构、用户资产和内在价值。波场声称让互联网重新去中心化。截至 2021 年 8 月 24 日，波场全球账户总数超过 5396.3 万美元，累计交易超过 23.99 亿笔，是全球增速较快的公链。波场的代币为波场币（TRX），TRX 已登陆 130 余家交易所。波场是由一位中国人创立的。

波场生态（PoloniDEX）是一个去中心化的交易平台；波场生态钱包（TRONSCAN）是基于波场的区块链浏览器；波场生态是其应用场景，TRX

已被用于支付、购买、投票等众多实际应用场景，如波场 ATM 支持 TRX 在线转账；波场超级代表（TRON SR）由去中心化选举产生，负责链上治理；TRC20-USDT 是 Tether 基于波场 TRC20 协议发行的稳定币；SUN 专注于 DeFi 建设的实验，完全依靠社区和开源的智能合约；JustLink 是运行在波场网络上的预言机项目，向链上的智能合约提供真实数据；JustSwap 是去中心化通证交换协议，通证间的即时兑换；SUN Network 是波场主网的扩容计划，为主网扩容。

TRONIX 简称为 TRX，是基于波场协议的主网货币，是 TRON 区块链上账户的基本单位，也是基于 TRC 标准代币的桥梁货币。TRX 贯穿整个波场生态体系，为链上交易和应用提供动力。

TRX 的应用场景：波场 ATM 支持 TRX 在线转账；Spend 信用卡支持 TRX 支付；在微店平台用 TRX 购买商品；用 TRX 购买波场待发行通证；通过冻结 TRX 获得 TRON SR 投票权。

波场公链是基于波场协议的区块链公有网络，也是波场生态的核心。在波场公链上可完成通证资产发行、DApp 部署运行、质押投票获益、转账等，系统划分为基础网络、数据库、共识机制、交易处理、虚拟机和接口等模块。

波场采用账户模型，地址为其唯一标识，需要验证私钥签名后才能进行账户操作，账户有 TRX、余额、智能合约、带宽和能量等资源，波场上的所有活动都围绕账户开展。

CoinMarketCap 的数据表明，截至 2023 年 6 月，TRX 市值达 69.01 亿美元（约 522 亿元人民币），流通供应量约为 901.8 亿个 TRX。

TRON 将其目标分为六个阶段，其中包括提供分布式文件共享、通过财务奖励、推动内容创作、允许内容创作者推出自己的个人代币等。

TRON 是专注于内容共享和娱乐的去中心化平台，2018 年 TRON 收购文件共享服务 BitTorrent。

TRON 定位为内容创作者直接与观众联系的环境，通过消除中心化平台，如流媒体服务、应用商店、音乐网站等，使创作者不会损失过多佣金，从而降低消费者获取内容的价格。

TRON 网络使用委托权益证明共识机制，TRX 所有者可以冻结加密货币，以获得 TRON Power，这意味着 TRX 所有者可以投票给作为区块生成者的超级代表。区块生成者通过验证交易获得 TRX 奖励，然后把这些奖励分配给投票给他们的人。这种方法有助于区块链实现较高水平的吞吐量，TRON 声称其网络吞吐量高，有能力处理 2000 TPS。

第 6 章　数字货币公司竞争

数字货币公司包括数字货币交易所、加密货币钱包提供商、支付服务提供商、加密货币硬件设计生产提供商、风险投资商等。数字货币公司提供的服务包括加密货币交易平台、矿池、云挖矿、跨境支付服务、国际转账服务、加密货币 App 服务、钱包服务、区块链金融服务、硬件设计服务、设备集成生产提供、加密货币衍生品交易平台等。

数字货币公司之间竞相角逐，都想在行业中抢占头部地位，以获得竞争优势。Coinbase 成为首家在美国纳斯达克交易所上市的数字货币交易所。币安是目前全球交易量最大的数字货币交易所，而比特大陆是目前全球最大的数字货币集成电路硬件设备提供商。还有更多的公司在数字经济生态、数字货币资产信托、数字资产衍生品、跨境支付系统、企业应用区块链生态等领域展开激烈竞争。

6.1　Coinbase：在纳斯达克交易所上市的数字货币交易所

Coinbase 是一家经营加密货币交易平台的美国公司。2021 年 4 月，Coinbase 在美国纳斯达克交易所上市。

Coinbase 于 2012 年创立，创立之初的愿景是任何人在任何地方都可以轻松安全地发送和接收比特币，而现在旨在构建一个由加密货币支持的公平、高效、透明的金融系统，为数字货币用户提供一个值得信赖的易于使用的平台，用于访问更广泛的加密经济。

目前，Coinbase 声称有来自 100 多个国家、地区的大约 1.1 亿验证用户、9000 家机构和 24.5 万个生态系统合作伙伴。

Coinbase 为零售和机构的加密货币投资者提供产品。面向零售贸易商的产品包括：①Coinbase 应用程序，一种面向用户的应用程序，用于购买、存储和交易不同的加密货币,如比特币、比特币现金、以太币、以太坊经典和莱特币等;②Coinbase Pro,一个专业的资产交易平台,交易多种数字资产;③Coinbase 钱包,一款允许客户使用 DApp 浏览器访问去中心化加密应用程序的应用。Coinbase 为机构交易者提供的产品包括:Coinbase Prime,一个致力于机构客户的平台;Coinbase Custody,为使用 Coinbase 持有比特币和其他加密货币的机构提供专业服务。Coinbase 的其他加密货币相关产品还包括:USD Coin,一种数字稳定币,可让客户用美元换取价值相同的加密货币;Coinbase 卡,一种 Visa 借记卡,允许客户在任何接受 Visa 卡的地方使用加密货币;Coinbase Commerce,一种面向商家的支付服务。

Coinbase 的主要收入来源于交易费用,以零售交易收入为主。零售交易收入是指从以个人为主的客户中赚取的交易费用。当客户在平台上购买、出售或转换加密资产时,Coinbase 提供加密资产匹配服务。Coinbase 是客户之间的交易代理人,赚取客户费用。Coinbase 在交易层面收取费用,以交易费用为代表的交易价格是根据交易量计算的,会因支付类型和交易价值而异。客户在 Coinbase 平台执行的加密资产购买或销售交易包括分层定价,主要基于交易量。如果特定历史时期处理的交易量达到既定阈值,则每笔交易收取的费率会上下调整。交易费用在交易执行时向客户收取。

6.2 币安:全球交易量最大的数字货币交易所

币安(Binance)是一家在开曼群岛注册的数字货币交易所,为交易各种加密货币提供平台,成立于 2017 年,创始人是加拿大籍华人。目前,Binance 是全球交易量最大的数字货币交易所。币安的标识如图 6-1 所示。

图 6-1 币安的标识

币安链是社区驱动的区块链软件系统，拥有来自世界各地的开发者和贡献者，币安 DEX 是在币安链上开发的去中心化交易功能。Trust 钱包是一个安全、去中心化的钱包，用户可以在其中发送、接收和存储数字资产。Launchpad 是代币发布平台，旨在将加密项目变为现实。

BEP-20 是币安智能链上的一个代币标准，扩展了 ERC-20，即最常见的以太坊代币标准，同时定义了代币的消费方式和使用规则。BEP-20 为开发者提供了一种灵活的格式，以推出一系列不同的代币。这些代币可以代表众多东西，如企业的股份等。可以创建原生资产作为 BEP-20 代币，也可以与其他区块链上的代币挂钩，挂钩后的代币可以在币安智能链上使用。

BUSD 是由 Paxos 和币安创立的一种稳定币，同时是一种由法币支持的稳定币，并保持与美元挂钩。BUSD 为交易提供了三个关键属性：可及性、灵活性和速度。加密货币用户可以在不脱离区块链的情况下，将其持有的数字资产变成稳定币所代表的资产。

Binance 最近推出股票代币。股票代币是在传统证券交易所交易的股票数字代币，其价值与相关基础股票的价值挂钩。如果相关股票的价值上升，则股票代币的价值也相应增加；如果相关股票的价值下降，则股票代币的价值也相应减少。股票代币是非同质化的场外衍生品，但不是股票本身，而是在第三方持有的抵押品上创建的代币。用户虽然持有股票代币，但只参与标的物的经济发展，包括股息支付、股票拆分等，并不转移相应股票的任何股东权利。目前，币安推出的股票代币有苹果 AAPL/BUSD、Coinbase COIN/BUSD、微软 MSFT/BUSD、特斯拉 TSLA/BUSD、MicroStrategy MSTR/BUSD 等。

Binance 推出 Visa 卡，声称可以在全球商户花费加密货币，将加密货币从用户的 Spot 钱包转到卡钱包，就可以花费了。在用户的币安卡钱包中持有加密货币，且仅在用户付款时进行兑换。Binance 声称其币安卡已可以在全球多个国家使用。

6.3 以太坊：一个蓬勃发展的数字经济生态

以太坊是数字货币、全球支付、应用程序的生态社区，以太坊社区由以太坊基金会资助。以太坊社区包括全球数以万计的开发人员、技术人员、用户、矿工和爱好者。以太坊的标识如图 6-2 所示。

图 6-2　以太坊的标识

6.3.1　以太坊 1.0：DeFi、NFT 和 DAO

以太坊孕育了多个领域的新产品和服务，支持去中心化金融（DeFi）、非同质化代币（NFT）和去中心化自治组织（DAO）。

DeFi 是一个开放的全球金融系统，专为互联网时代而建，可以让用户较好地控制自己的资金。DeFi 也是金融产品和服务的统称，任何可以使用以太坊的人都可以访问这些产品和服务。DeFi 声称用户可以放款、借入、做多、做空、赚取利息等。

NFT 可以将独特物品表示为可以交易的以太坊资产，同时，对数字艺术和收藏品等产生影响。没有人可以修改所有权记录或复制粘贴新的 NFT。NFT 代表不可替代的代币，不可替代是一个经济术语，用户可以用它来描述诸如家具、歌曲文件、艺术品等物品，这些东西不能与其他物品互换，因为它们具有独特的属性。NFT 在数字上是唯一的，没有两个 NFT 是相同的。每个 NFT 都必须有一个所有者，这是公共记录，任何人都可以轻松验证。创作者可以保留对自己作品的所有权，并直接要求转售版税。

目前已经存在的一些 NFT 示例有独特的数字艺术作品、游戏内物品、数字收藏品、域名等。NFT 有一些特殊的属性：每个 NFT 代币都有唯一标识符；一个 NFT 代币与另一个 NFT 代币不能直接 1∶1 互换；每个 NFT 代币都有一个所有者，该信息很容易验证；NFT 代币存在于以太坊上，可以在任何基于以太坊的 NFT 市场上进行买卖。每个 NFT 都有一个唯一的标识符，且只有一个所有者。NFT 的预期稀缺性很重要，创建者可以使每个 NFT 具备独特性，以创造稀缺性。

DAO 是一种协作和建立具有共同目标和汇集资源的在线社区的新方式。可以把 DAO 想象成一个由成员集体所有和管理的互联网社区团体，有内置的资金库，未经集体批准，任何人都无权访问，且决策由提案和投票决定，以确保组织中的每个人都有发言权。一切都是公开的，围绕支出规则，通过代码融入 DAO 中。

用户无须信任组织中的任何人，只需要信任 DAO 代码即可，DAO 代码是透明的且任何人都可以验证。DAO 组织方式通常是扁平的，需要成员投票决策实施，计票结果自动执行，提供的服务以分布式方式自动处理，所有活动都是透明的、完全公开的，没有因人而异，按规则办事。这为人与人之间的合作提供了一种新的模式与组织方式。目前已经使用 DAO 的示例有：慈善机构可以接受世界上任何人的会员资格和捐款，团体可以决定如何使用捐款；自由职业者网络可以创建一个承包商网络，将其资金用于软件订阅等；风险投资可以创建一个风险基金，汇集投资资本并投票决策，后期再分配收益。

DAO 的支柱是智能合约。智能合约定义了组织的规则，并持有团体的资金库。若智能合约在以太坊上生效，那么除非通过投票，否则没人能改变规则。如果有人试图做一些在规则中没有涵盖的事情，就会失败。资金库也是由智能合约定义的，这意味着未经组织批准，任何人都不能花钱，也意味着 DAO 不需要中心化权威；相反，如果由组织集体投票做出决定，且做出的决定由投票通过，就会自动授权付款。以太坊的共识是分布式的，足以让组织信任网络。智能合约一旦生效就无法修改。智能合约可以发送、接收资金，无须权威中介管理团体的资金。

6.3.2 以太坊 2.0：快速、安全和环保

以太坊 1.0 是对以太坊用户层的操作和更新，包括状态、交易和账户，而以太坊 2.0 是对共识层的更新，从原来消耗巨大能源的工作量证明机制，升级为更具有可扩展性和可持续发展性的权益证明机制。

以太坊 2.0 是指以太坊的一系列升级，由以太坊生态系统的多个团队构建。以太坊 2.0 更具有可扩展性，可以支持每秒 1000 次交易，使应用程序更快、更经济实用。以太坊 2.0 更具有可持续性，也更安全，可以防止各种形式的攻击。

信标链（Beacon Chain）为以太坊升级夯实了基础，并协调新系统，目前信标链已经上线。以太坊主网将在某个时间点与信标链合并，这标志着能源密集型挖矿的结束。信标链将为以太坊引入权益证明，这将涉及质押挖矿者的以太币，从而激活验证器软件，并使得该质押挖矿者成为验证者，信标链将处理交易并在链上创建新的区块。信标链与目前的以太坊主网分开、并存，但最终会合并到一起并构建信标链控制和协调的权益证明系统。

信标链包含保持分片安全和同步的逻辑，能够协调网络中的利益相关者，并将利益相关者分配到其需要处理的分片上。信标链还通过接收、存储分片数据来促进分片之间的通信，这将为分片提供以太坊状态的快照，以保持所有内容都是最新的。

分片链（Shard Chain）将扩大以太坊的处理、交易能力。分片能增加网络容量并提高交易速度。信标链负责随机分配挖矿者（已质押以太币）来验证分片链，这是挖矿者难以串通并接管分片的关键。

分片链将网络负载分散到 64 个（目前计划，具体数字是可变的）新分片链上，保持较低的硬件要求，使运行一个节点更容易。分片将数据库横向分割以分散负载，可减少网络拥塞并通过分片提升每秒交易量。有了分片链，验证者只需为所验证的分片存储、运行数据即可。

6.4　比特大陆：全球数字货币集成电路硬件设备提供商

比特大陆是一家拥有先进集成电路（IC）设计能力的跨国半导体公司，能够为区块链和人工智能（AI）应用提供包括芯片、服务器和云解决方案等在内的服务。比特大陆成立于 2013 年，总部位于北京，在中国香港、新加坡和美国设有研发中心。比特大陆的标识如图 6-3 所示。

比特大陆专注于计算芯片，具有针对不同芯片工艺的设计能力，包括先进的 5 纳米工艺。比特大陆声称，在区块链矿区，比特大陆已出货数十亿颗

ASIC，占全球市场的 75%。比特大陆作为全球少数具备云端 AI 芯片研发能力的公司之一，已成功发布四代 AI 芯片。比特大陆的 AI 芯片应用广泛，可应用于面部识别、自动驾驶、智慧城市等领域。

比特大陆生产的蚂蚁矿机 S19 Pro 算力达 110TH/s，达到业界领先水平。蚂蚁矿机 S19 系列是新一代 ASIC 矿机，采用先进的技术设计，可提高运营效率。

蚂蚁矿池（AntPool）是领先的比特币矿池，引领加密货币挖矿平台。蚂蚁矿池支持多种数字货币挖矿服务，更具有安全性和稳定性，管理便捷、收益透明、服务稳定。蚂蚁矿池 App 支持多币种挖矿服务、多账户管理，同时支持子账号挖矿和钱包地址挖矿，挖矿数据实时展示。

图 6-3　比特大陆的标识

6.5　灰度投资：数字货币资产信托

灰度投资（Grayscale Investments）是全球较大的数字货币资产管理公司。灰度投资以传统证券的形式提供对数字货币资产的访问和投资，而无须直接购买、存储和保管数字货币。灰度投资的标识如图 6-4 所示。

图 6-4　灰度投资的标识

灰度投资赞助和管理的产品包括灰度比特币信托（BTC）、灰度以太币信托（ETH）、灰度以太坊经典信托（ETC）、灰度 Filecoin 信托（FIL）、灰度莱特币信托（LTC）、灰度 Zcash 信托（ZEC）等。目前，灰度比特币信托和灰度以太币信托是美国证券交易委员会（SEC）的报告公司，它们对每个产品的投资，有权获得定期或当前报告、经审计的财务报表、税务报告和机构级托管。每个产品都会收取年度管理费，包括与保管相关的成本。对投资者的资格有一定限制，包括收入、净资产水平等。

数字大盘基金允许投资者通过使用该基金的份额实施数字资产配置，目前持有比特币、以太币、比特币现金、LINK 和莱特币的市值加权投资组合。

6.6 Chainlink：为智能合约调用外部数据的服务提供商

Chainlink 是一个去中心化的预言机网络，为区块链上的智能合约提供数据，也是去中心化金融应用程序的主要数据来源之一，可为区块链提供现实世界的数据。Chainlink 发行的代币 LINK 是基于以太坊 ERC-677 发行的加密货币。Chainlink 由谢尔盖·纳扎罗夫（Sergey Nazarov）于 2017 年创立。

Chainlink 是一个区块链抽象层，通过去中心化的区块链 Oracle 网络，允许区块链与外部数据源、事件和支付方式安全互动，提供复杂的智能合约所需要的关键链外数据，成为数字协议的主导形式，如图 6-5 所示。

区块链 Oracle 通过与外部 API 和数据源对接，实现区块链和现实世界数据之间的连接，允许为智能合约拉取数据或推送数据。若没有区块链 Oracle 等类似的解决方案，智能合约只能访问区块链上产生的数据，这严重限制了它的潜

图 6-5 Chainlink 的标识

在应用。智能合约大多数有价值的现实世界用例都需要链外数据来触发正确的执行，而且往往需要与现有的支付通道整合以结算合约。例如，一个智能合约可能需要证券交易所等可信来源的市场数据来触发交易，也可能需要通过传统的金融基础设施来获得支付托管法定货币的能力。

现实世界的数据或链外数据、外部数据通过区块链 Oracle 等类似的解决方案带入链内，才能被智能合约应用程序使用。如同计算机连接互联网一样，智能合约本身有固有的价值，如创建和交换代币，当连接到区块链生态系统外庞大的数据和 API 时，智能合约会变得更强大。

区块链 Oracle 问题即智能合约连接问题，指的是由于区块链的共识机制创造的强大的安全属性，区块链很难从任何链外系统拉取数据或推送数据。

为了在区块链（链上）和外部世界（链外系统）之间建立一座桥梁，需要额外的、独立的基础设施，即区块链 Oracle。然而，若使用中心化的方式，会导致数据输入和输出被操纵，这意味着区块链 Oracle 机制本身需要高度去中心化，以确保智能合约的执行安全得到端到端的维护。

Chainlink 网络是指所有使用 Chainlink 协议并连接在一起的单个区块链 Oracle、运行自己节点的数据提供者、节点运营商等网络体系。通过连接 Chainlink 网络，智能合约能快速、安全地连接到链外数据源。Chainlink 网络作为底层区块链协议和外部链外数据源之间的中间件，以及数据供应商的抽象层，可将其 API 提供给区块链网络使用。

Chainlink 旨在通过使用分布式节点网络来验证从数据源接收的数据，并遏制不诚实的集中式数据提供商，为区块链上的智能合约提供来自现实世界的大量数据。

6.7　Aave：加密货币的存入与信贷平台

Aave 是一个开源的流动性协议，用于赚取借贷资产和存款的利息。Aave 是一个去中心化的借贷系统，让用户在没有中间人的情况下借出、借入加密货币和赚取加密货币的利息。Aave 的标识如图 6-6 所示。

图 6-6　Aave 的标识

Aave 及其前身 ETHLend 由 Stani Kulechov 创立。Aave 在 2017 年 11 月推出之初被称为 ETHLend，在 2018 年 9 月更名为 Aave。Aave 的开源协议建立在以太坊上。

AAVE 代币于 2017 年 11 月首次发行。AAVE 代币基于 ERC-20 标准代币构建，为持有者提供了平台上的费用支付方式，也是一种治理代币，让所有者在协议的未来发展中有话语权。AAVE 代币是 Aave 协议治理的核心。

Aave 允许用户借入、借出 20 多种加密货币，这意味着用户有较多的选择。贷款人通过存入数字资产来获得利息，借款人可以用自身已有的加密货币作为抵押，进行闪电贷款。用户为了使用 Aave 服务，需要存入数字货币资产，然后基于市场的借贷需求获得被动收入。另外，用户可以将存入的数字货币资产作为抵押品进行借贷。用户存入的数字货币资产被分配到一个智能合约中，智能合约的代码是公开的、开源的、经过验证的，并由第三方审计机构进行审计。

用户存入货币，向市场提供流动性，以赚取被动收入，而借贷人能够以超额抵押的方式借贷。每种资产都有其供需市场和年收益率。Aave 的借用数字货币利率模型是管理流动性风险的核心。利率模型的描述与每种货币的参数有关。用户在借款之前需要存入一定数额的任何数字资产作为抵押，这些被存入的资产将作为贷款的抵押品，然后用户选择稳定利率或可变利率，并确认交易。

闪贷（Flash Loans）是无抵押贷款。用户可以即时借入资金，无须抵押品，只需在同一个区块内交易，使资金储备池增强了资金流动性。这保证了储备池中资金的安全，实际用例包括套利、抵押品交换、自我清算等。这种方法适用于利用同一代币在不同交易所之间的价差套利。

6.8　Gemini：数字货币交易所和信托公司

Gemini 是一家数字货币交易所，也是一家信托公司，允许客户购买、出售和存储数字资产，于 2014 年创立。Gemini 的标识如图 6-7 所示。

图 6-7　Gemini 的标识

2016 年 6 月，Gemini 成为获得许可的以太坊交易所。2017 年 12 月，Gemini 成为推出比特币期货合约的交易所。2018 年 5 月，Gemini 成为获得许可的 Zcash 交易所，主要竞争对手有 Coinbase、Binance、Bitstamp 和 Kraken。

Gemini 的四大支柱是产品、安全、许可和合规。Gemini 产品包括手机应用 App、网络交易所、Active Trader 高性能加密货币交易平台、Gemini 托管、Gemini 钱包、GUSD、Gemini 支付等。

Gemini 声称其手机应用程序 Gemini 支付可在美国上万家零售商使用加

密货币：在手机上使用 Gemini 移动应用程序 App，选择支付功能，再选择自己的 GUSD、比特币、以太币等加密货币，然后选择零售商，最后到收银台扫描支付代码付款即可。

Gemini 托管是机构级的加密货币存储，使用市场上安全的、合规的、人性化的托管解决方案来存储和管理用户的数字资产。Gemini 作为纽约州的一家受到监管的信托公司，是纽约银行法规定的受托人和合格保管人。Gemini 定期接受审计，并遵守传统金融机构的资本准备要求和合规标准。Gemini 托管的数字货币资产，使用硬件安全模块 HSMs、多签名技术、地理分布式、访问控制设施进行离线保管。储存私人密钥的硬件安全模块 HSMs 永远不会被连接到互联网上，而是被保存在锁着的"保险箱"里，已经达到了较高的安全级别水平。Gemini 的离线存储系统基于角色的治理协议，以及多层生物识别访问控制和物理安全保护客户资产。强制性白名单和可定制的取出审批流程提高了账户级别的安全性。

目前，Gemini 的托管服务被世界上一些大型资产管理公司使用。

6.9 Kraken：创建较早的加密货币交易所

Kraken 是一家总部位于美国旧金山的加密货币交易所，成立于 2011 年。Kraken 成立较早，将客户要购买的加密货币订单与客户所要出售的加密货币订单进行匹配，并达成交易。Kraken 的标识如图 6-8 所示。

图 6-8 Kraken 的标识

目前，在 Kraken 上可以购买、出售多种加密货币。Kraken 还推出了加密货币保证金和期货类产品。

Kraken 相继收购了加密货币交易数据公司 Cryptowatch、加密货币场外交易平台 Circle Trade 等。Kraken 被认为可能是 Coinbase 潜在的竞争对手。

6.10 火币：数字货币交易所

火币是一家数字货币交易所，于 2013 年在国内成立，在中国香港、韩国、日本和美国设有办事处，2018 年 8 月在中国香港上市。火币在国内作为区块链咨询和研究平台运营。火币成为一个集信托、资产管理和云服务为一体的一站式虚拟资产数字金融服务系统。火币的标识如图 6-9 所示。

图 6-9 火币的标识

火币向全球客户提供区块链、虚拟资产、金融科技、大数据和云计算等方面的服务，以及访问和使用虚拟资产交易平台的相关技术软件的托管环境，包括维护、支持、开发和实施软件定制。

火币旗下有五只基金，包括多元资产基金、比特币跟踪基金、以太坊跟踪基金、多策略虚拟资产基金和与区块链相关的私募股权基金。

火币在 2020 年获得美国内华达州工商部金融机构颁发的信托许可证，其托管的资产类型包括虚拟资产、法定货币、金融工具等。

火币以区块链核心技术的突破和区块链与其他行业融合为目标，围绕上下游领域，扩展到行业区块链、公链、数字资产交易与钱包、数字经济研究等领域，以期建立数字经济产业生态圈。

火币在全球多个国家和地区获得数字资产服务许可，在日本、韩国等地建立了受监管实体，本着全球化、专业化、合规化、多元化的原则，致力于为用户提供有价值的互联网（IoV）服务。

火币 Global 提供数百种数字资产品类的交易及相关服务。火币韩国是基于韩元的数字资产交易平台，采用本地化运营模式为用户提供便捷的韩元兑数字资产交易服务。火币日本于 2018 年 9 月收购日本持牌的一家加密资产交易所，BitTrade 为日本用户提供加密资产交易服务。

火币 Pool 是指 PoS 矿池、PoW 矿池及众多公链节点，致力于为各类数字资产爱好者提供一站式技术服务和解决方案。火币钱包是面向区块链 2.0 时代的专业 DeFi 钱包，支持多种数字资产和代币，集成 DApp 入口，便于管理多链资产，追踪 DeFi 收益。火币钱包用户自主管理私钥，旨在打造专业易用的钱包。

火币布局区块链产业生态，旨在成为数字经济专业企业，在全球数字经济的激烈竞争之中取得一席之地。

6.11　FTX：数字资产衍生品交易平台

FTX 是一个为交易者服务的加密货币交易所，是数字资产衍生品交易平台，能够提供创新产品，包括加密货币的衍生品、期权、波动率产品 Volatility 和杠杆代币等，旨在开发一个强大的平台供专业交易公司使用，并为首次使用的用户提供足够的直观体验。FTX 的标识如图 6-10 所示。

FTX 的统计数据可显示 FTX 的 24 小时交易量、30 天交易量和 24 小时借贷量。

图 6-10　FTX 的标识

FTX 数字资产衍生品交易平台包括：期货，超过 250 个永久性和季度性的期货交易标的；现货，100 余个现货交易对；杠杆代币，ERC 资产，在加密货币市场进行代币杠杆交易；波动率产品 Volatility，比特币 BTC 期权等；预测类产品，对现实世界预测结果的产品；法币，支持美元、欧元、英镑等 11 种法币；质押，通过质押数字资产获取奖励；FTX 支付，通过快速、低费用的支付处理接收付款。

FTX 平台于 2019 年 5 月推出 FTT 原生加密货币代币，FTT 代币于 2019 年 7 月上线。FTX 背后的团队由过去几年一些较大的加密货币交易商组成。

FTX 衍生品是由稳定币结算的，但需要一个通用保证金钱包。FTX 涵盖多种服务，从提供抵押品到维持保证金再到清算和产品上市，可以提供期货、杠杆代币和场外交易（OTC），专注于机构级解决方案。FTX 还专注于快速开发周期，以此确保它能够以有竞争力的速度部署加密货币交易平台。

6.12 Stellar：区块链支撑的跨境支付系统

Stellar 是一个开源的加密货币和支付网络，它使得创建、发送和交易多种形式的货币如美元、比特币、欧元等成为可能。Stellar 由公众拥有，软件在一个去中心化的开放网络上运行，每天处理数百万笔交易，比较快速、便宜和节能。Stellar 的标识如图 6-11 所示。

图 6-11 Stellar 的标识

Stellar 于 2014 年推出，用户通过它来转移资金和进入新市场。Stellar 是一个去中心化的系统，适合以透明和高效的方式交易多种类型货币。

Stellar 网络被用于交易、储蓄和消费数字货币，是开放的金融基础设施。Stellar 也是一个追踪所有权的系统，由独立的计算机组成网络，使用分布式账本记账，每 5 秒钟进行一次核实和更新账本。恒星共识协议（SCP）是一种独特的算法，通过可配置、快速和高能效使节点间共识同步。当用户在由 Stellar 构建的应用程序上发送代币时，节点会检查是否有正确的余额被借入和贷出，每个节点都会确保其他节点接收到并同意这笔交易。目前 Stellar 网络是由全球数百个节点验证的，任何人都可以通过安装 Stellar 软件加入共识过程。

Stellar 允许用户创建任何资产的可赎回、可交易的代币，将价值数字化，然后发行和赎回资产。代币化是 Stellar 网络的一个基本部分，发行和赎回资产是 Stellar 网络强大的功能之一，这意味着用户可以利用 Stellar 网络的高影响力、即时交易、较低成本的优势，实现资本数字化并进行交易。

Stellar 允许用户发送一种货币而收款人收到另一种货币。在单一原子交易中发送和交换货币被称为路径支付，是国际支付的一种创新方式，支付过程降低了汇率风险或避免了支付延误。

Stellar 网络的原生代币 Lumens、XLM 和恒星币于 2015 年推出。据 CoinMarketCap 统计，截至 2023 年 6 月，XLM 市值达 23.38 亿美元（约 174 亿元人民币），流通供应量为 268.47 亿个 XLM，未来最大供应量将达 500 亿个 XLM。

原生代币 Lumens 是一座桥梁，它使得跨境资产交易的成本降低，目的是挑战现有的支付供应商。

Stellar 旨在提供一种将法定货币转移到加密货币的方法，并消除在世界各地汇款时通常遇到的摩擦，使得使用更流畅、市场更开放，更有能力释放世界的经济潜力。

6.13 Pantera 资本：专注于数字资产和区块链领域的机构资产管理公司

Pantera 资本是美国首家专门关注数字资产和区块链领域的机构资产管理公司，在 2013 年创建了美国第一个区块链对冲和风险基金。Pantera 资本投资于数字资产和区块链公司，为投资者提供了该领域全方位的风险投资机会。Pantera 资本管理的资产达 38 亿美元，投资包括 80 家区块链公司的风险投资和 65 个早期阶段的代币投资，如图 6-12 所示。

图 6-12　Pantera 资本的业务范围

Pantera 的比特币基金自成立以来上涨了 583 倍，在 18 家公司的 1800 万美元的投资资本上，Pantera 风险基金实现了 8200 万美元收益。

2013 年，当每个 BTC 65 美元时，Pantera 推出了美国第一个加密货币基金。

Pantera 的投资类型是创业股权，在新生的区块链生态系统中建立产品和服务的公司股权。早期阶段的代币关注新的、高效的、可扩展的协议，类似于风险投资股权，以上市价格的折扣价投资于代币。

Pantera 基金为投资者提供全方位接触区块链数字资产领域的机会，从流动性弱的风险资本资产（如早期代币和多阶段风险资本股权）到流动性强的风险资本资产（如比特币和其他加密货币），都有机会接触。

区块链基金积极管理区块链和加密货币风险资本市场各方面的风险；流动性代币基金积极管理公开交易的数字资产的风险；早期的代币基金积极管理对早期区块链协议的投资，遵循风险投资的模式；比特币基金投资比特币具有高流动性和低费用等特点；创业基金积极管理多阶段投资于区块链生态系统中创建产品和服务的公司。

全球性的投资组合投资的项目是区块链生态系统的核心基础设施部分，如交易所、托管公司、机构交易工具、去中心化金融、下一代支付系统等，已投资 Ankr、BitGo、Bitstamp、Circle、Coinbase、Filecoin、FTX、Polkadot、PolyChain、Ripple、Zcash 等在业界具有影响力的公司。

6.14　BAT：基于注意力代币打造新一代广告生态的平台

注意力代币（Basic Attention Token，BAT）旨在让用户方便获得和使用加密货币和 DeFi，希望通过 BAT 和 Brave 浏览器将加密货币带入下一个 10 亿用户级别，并解决阻碍数字广告行业发展的效率和隐私问题。注意力代币广告生态如图 6-13 所示。

BAT 整合到 Brave 浏览器全球广告平台的效果非常惊人：BAT 平台已拥有 3000 万月活跃用户、1000 万日活跃用户、100 万接受 BAT 代币的已验证创作者。BAT 平台创建

图 6-13　注意力代币广告生态

了数百万个钱包，与领先品牌已合作数千个广告活动，并在区块链游戏中越来越实用。Brave 浏览器的匿名记账形式，让广告商可以在不侵犯用户隐私的情况下了解广告的有效性。

BAT 广告生态系统：用户因关注而获利，通过查看广告赚取 BAT 代币；创作者通过制作优秀的内容获得报酬；出版商和创作者赚取广告收入。

BAT 是一种基于以太坊技术的实用代币，可以在基于区块链的数字广告和服务 BAT 平台上，作为广告商、出版商和用户之间的代币。BAT 是一种 ERC-20 代币，可以存储在与 ERC-20 兼容的钱包中。

BAT 平台整合 Brave 浏览器、Brave 的分类账系统、BAT 钱包和相关的区块链证明功能。实用代币用于在平台上进行交易并获得服务，比如，BAT 用于获取广告位，以填充精准匹配、匿名确认的广告。BAT 可在除了 Brave 外的其他浏览器中使用。用户可以通过观看一个广告获得 BAT 付款。BAT 可以用来衡量、交换和验证注意力。

BAT 是为基于区块链的数字广告平台提供动力的代币，旨在公平地奖励用户的注意力，同时为广告商提供更好的回报。这种体验是通过 Brave 浏览器提供的，用户可以观看保护隐私的广告，并获得 BAT 的奖励，广告商可以提供有针对性的广告，以最大限度地提高参与度。

BAT 是广告生态系统的奖励单位，并在广告商、出版商和用户之间进行价值传递。广告商以 BAT 支付广告活动，广告活动预算大部分被分配给用户。BAT 通过奖励计划向用户推出基于注意力的广告体验。

6.15　Theta：去中心化的视频流媒体平台

Theta 是用户赋能的下一代视频网络，也是下一代视频传输生态系统。

当前，视频网络领域较大的问题之一是向世界各地传送视频的成本较高，这个问题随着视频的发展会更加突出。而 Theta 旨在为下一代流媒体生态系统创建一个分布式的对等网络，以更低的成本提供更好的视频传输。

Theta 网络有边缘节点、守护者节点和企业验证器节点。边缘节点通过质押 TFUEL 币赚取 TFUEL，守护者节点通过质押 THETA 币赚取 TFUEL，而企业验证器节点包括 CAA、Sumsung、Google、Sony、Binance、Blockchain、

Gumi 等业界知名企业的节点。

Theta 区块链是一个为去中心化视频流媒体提供技术和经济解决方案的端到端基础设施，为用户和区块链技术赋能的点对点传输视频流。观众分享多余的带宽和资源可以获得 THETA FUEL（TFUEL）币的奖励。Theta 以更高的质量、更流畅的视频流，在全球范围内有效地提供流媒体，降低传输视频流的成本，视频平台不再需要建立昂贵的基础设施，这意味着创新和独特的商业模式已诞生。用户通过分享他们的带宽和建立一个社区而受益，而内容创作者、平台通过降低流媒体成本获得更多收益。

Theta 网络向所有开发者和合作伙伴开放，采用开源的网络和协议。视频平台和内容提供商可以为受众建立专门的去中心化应用程序，在多个内容垂直领域（如电竞、音乐、电视和电影、远程教育和点对点直播）为下一代娱乐提供动力。

Theta 的技术创新之处在于，一个新的、原生的区块链专门用于支持去中心化的视频传输。突破性技术包括多层的 BFT 共识机制、聚合签名的 Gossip 协议和资源导向的小额支付池。

Theta 构建了一个长期可持续的激励机制，能够激励所有利益相关者参与到完全去中心化的视频传输中，基于区块链打造下一代点对点架构的视频网络生态。

CoinMarketCap 的数据表明，截至 2023 年 6 月，THETA 代币的市值达 7.46 亿美元，流通供应量为 10 亿个 THETA。

Theta 是一个区块链驱动的网络，专门用于视频流。Theta 主网于 2019 年 3 月推出，用户在点对点的基础上分享带宽和计算资源。Theta 拥有自己的原生加密货币 THETA 代币，激励用户在网络中执行各种治理任务，旨在重塑当前形式的视频流媒体行业。

Theta 网络有两种原生代币：THETA 与 TFUEL。THETA 为治理目的而存在，总供应量上限为 10 亿个 THETA。TFUEL 相当于以太坊的 Gas，为交易提供动力，总供应量为 50 亿个 TFUEL。

Theta 的主要商业理念是将视频流、数据交付和边缘计算去中心化，使其对行业参与者来说更有效率和成本效益。Theta 的吸引力在于，能使观众得到更高质量的流媒体服务并得到激励，内容创作者提高收入，视频平台中间商节省建设基础设施的费用，增加广告和订阅收入。

Theta 迎合了希望在其功能齐全的 EVM 兼容的智能合约平台上推出去中心化应用的开发者。Theta 使用财务激励计划来确保用户参与治理活动，Theta 网络是由用户来保障的。网络依赖权益证明并采用多级拜占庭容错（M-BFT）共识机制，以平衡安全性和高交易吞吐量。

6.16 ConsenSys：区块链技术公司

ConsenSys 专注于以太坊区块链技术解决方案，是区块链领域的软件工程实践者，其全栈式以太坊产品帮助开发者建立下一代网络，并使企业能够推出更强大的金融基础设施。

ConsenSys 以太坊区块链技术解决方案如图 6-14 所示。

图 6-14 ConsenSys 以太坊区块链技术解决方案

ConsenSys 的行业解决方案包括创建、发行和管理数字资产和工具，资产管理领域实现服务自动化，资本市场领域加快资金投入，去中心化金融领域启动并参与点对点网络和市场，全球贸易和商业领域加快贸易融资并防止欺诈和假冒，简化零售和批发支付基础设施。

ConsenSys 认为，机构 DeFi 正处于一个令人难以置信的激动时刻，各国央行数字货币在零售和批发支付方面具有一定优势。ConsenSys 提出了在以太坊上实施的提议架构。

ConsenSys 区块链产品使开发人员能够构建下一代应用程序，允许机构启动现代金融基础设施，并使世界各地的人们能够访问去中心化的网络。Codefi 金融和商业区块链应用推动机构金融的发展，Codefi 的多种可组合工具允许企业将资产和金融工具数字化、优化业务流程、启动和扩展去中心化网络,以及部署可用于生产的区块链解决方案。Diligence 智能合约审计与安全为以太坊智能合约提供全面的安全审计和工具,帮助开发人员、初创公司和企业确保其以太坊应用程序已准备好,且无漏洞。Infura 对 Web 3.0 的 API 进行访问,Infura 的开发套件提供即时、可扩展的 API 访问以太坊、ETH2、IPFS 和 Filecoin 网络,允许开发人员扩展去中心化的应用程序,以满足用户的需求。MetaMask 是移动钱包和浏览器扩展,用户利用 MetaMask 来购买、存储、发送和交换代币,MetaMask 为用户配备了密钥保管库、安全登录、代币钱包和用户管理数字资产所需要的功能。Quorum 是商业区块链,即一个开源协议层,是企业建立基于以太坊的应用程序的基础。Truffle 是开发工具和测试环境,为用户使用以太坊虚拟机 EVM 的区块链提供一流的开发环境和测试框架。

ConsenSys 以太坊区块链解决方案利用区块链解决传统金融、去中心化金融、商业和贸易领域存在的行业问题。通过基于以太坊的代币,资产管理公司、投资银行和金融机构可以使传统的证券数字化,并创造新的金融工具。ConsenSys 发行可定制的资产,并简化合规性、生命周期管理、资产服务和分销流程。ConsenSys 提供商业和贸易领域的基于区块链的安全数字化、代币化服务。ConsenSys 数字货币解决方案帮助改善批发、零售和跨境支付等问题。区块链将积极影响金融、身份认证、供应链管理等行业。

ConsenSys 成立于 2014 年 10 月,总部在纽约。一些 ConsenSys 的公司和项目以首次代币发行的形式筹集资金。比如,Gnosis 是一个由 ConsenSys 支持的预测市场项目,在 2017 年 4 月首次代币发行,出售 GNO 代币。Grid+是一家 ConsenSys 在配电领域的公司,在 2017 年 9 月首次代币发行,出售 GRID 代币。

6.17 Yearn Finance:去中心化金融平台

Yearn Finance 是去中心化金融(DeFi)的一套产品,旨在通过一套协议为以太坊智能合约平台创造收益。该套协议由不同的独立开发者维护,并由 YFI(Yearn Finance 的代币)持有人治理。

Vaults 资金池根据市场上的机会产生收益。Vaults 通过将 Gas 成本社会化，自动化生成收益和再平衡过程，自动转移资本，使用户受益。终端用户不需要对底层协议或 DeFi 有过深了解，Vaults 代表了一种被动投资策略。

Yearn Finance 的第一个产品是借贷聚合器，随着协议间的利率变化，资金在 Aave、dYdX 和 Compound 之间自由转移，用户可以通过 Earn 向这些借贷聚合器智能合约存入资金。Earn 产品优化了最终用户的利息累计过程，以确保其在平台随时获得较高的利率。

Yearn Finance 生态系统由 YFI 持有人控制，YFI 持有人提交并通过投票决定管理生态系统的链外提案，获得多数支持的提案将由 9 个成员的多重签名钱包执行。多重签名钱包的成员由 YFI 持有人投票决定。Yearn Finance 的标识如图 6-15 所示。

据 CoinMarketCap 统计，截至 2023 年 6 月，YFI 市值达 1.97 亿美元，流通供应量为 33018 个 YFI，每个 YFI 的价格达 5980 美元。

图 6-15 Yearn Finance 的标识

Yearn Finance 的目标是简化不断扩大的 DeFi 空间，与那些不懂技术的投资者互动，并为不懂技术的投资者提供投资机会。Yearn Finance 于 2020 年 2 月推出，通过收取提款费获利。

6.18 Crypto.com：全新的加密货币交易所

Crypto.com（CRO）的使命是加速实现加密货币全球化。Crypto.com 拥有发展迅速的加密货币 App，并有超过千万用户，可以按照实际价格买卖 100 多种加密货币，并推出加密 Visa 卡。另外，它还可通过存入加密货币资产赚取利息，使投资组合增值。Crypto.com 成立于 2016 年，总部设在香港。Crypto.com 的标识如图 6-16 所示。

Crypto.com 的基础产品包括：应用 App，一个让用户以实际价格购买加密货币的平台；NFT，将用户所爱的文化收入囊中；可用加密货币充值的 Visa 卡，部分消费额返回激励；Pay，轻松收发加密货币；Crypto Earn，锁币赚息；Crypto Credit，加密货币质押贷款。

Crypto.com 的进阶交易包括：交易所交易，费率低、流动性高；保证金交易；衍生品交易；DeFi 钱包，用户掌控自己的私钥；DeFi Earn，从各种 DeFi 协议赚取利息；DeFi Swap，Farm 热门 DeFi 币；Crypto.org 链，公共区块链；Pay 商户版，接受加密货币，简单且安全。

CRO 区块链主要为用户提供支付、交易和金融服务解决方案。CRO 币是 Crypto.com 的原生加密代币。CRO 币的所有者可以将他们的币质押，CRO 币可以用来结算其链上的交易费用。

图 6-16 Crypto.com 的标识

在 CRO 币的 Pay 支付应用程序框架内，用户使用 CRO 币向商家付款或向其他用户进行点对点转账可以获得奖励激励。

CRO 币作为一种工具为 Crypto.com 在全球范围内提高加密货币的使用率提供动力，它正在不断寻找和开发新的用例，使用户能利用加密货币加强对资金、数据和身份的控制。

CRO 币根据 ERC-20 兼容标准建立在以太坊区块链之上，这意味着其网络是由 Ethash 功能保证的。

6.19 唯链：由区块链驱动的供应链平台

唯链（VeChain）是一个由区块链驱动的供应链平台。唯链始于 2015 年，旨在创建一个企业应用区块链生态系统，以解决供应链管理中的一些问题。CoinMarketCap 数据显示，截至 2023 年 6 月，VeChain 的 VET 代币市值达 12.72 亿美元（约 101 亿元人民币）。

唯链的雷神（Thor）区块链是一个公共区块链，旨在让各种规模的企业用户大规模采用区块链技术。唯链的 Thor 区块链作为一个可持续和可扩展的企业区块链生态系统的基础，以新颖的治理和经济模式，以及独特的协议增强支持。唯链的 Thor 区块链扩展了以太坊的一些基本构建（如账户模型、EVM、Patricia 树和 RLP 编码方法），并提供了创新的解决方案，以期推动更广泛的区块链应用和创建更高效的新商业生态系统。唯链的 Thor 区块链应用解决方案如图 6-17 所示。

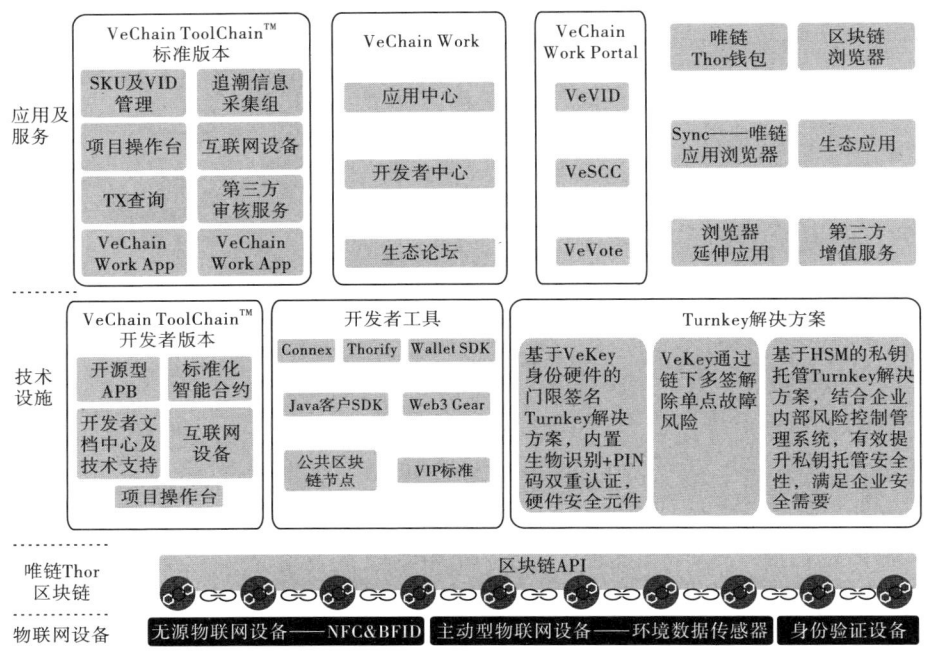

图 6-17 唯链的 Thor 区块链应用解决方案

唯链的 Thor 区块链核心协议中的元交易功能，如多方支付、多任务交易、可控交易生命周期、交易依赖性等，使开发更便于企业采用。

权威主节点运营商在 VeChain 生态系统的发展中有着一致的利益，PoA 解决了企业普遍关心的低效升级和能源浪费问题，实现网络安全和共识完整性所需的计算能力较低，通过内置的智能合约进行控制可以避免硬分叉，所有权威主节点运营商的身份都是由 VeChain 基金会严格验证的。PoA 不仅规定了区块链参与者如何同意区块链的增长，而且体现了系统的治理模式。这种治理模式，不存在匿名的区块生产者，而是由授权的固定数量的已知验证者——权威主节点（AM）——组成。要成为权威主节点，个人或实体应披露身份和声誉以换取验证和生产区块的权利。由于 AM 的身份和声誉被置于风险之中，因此给了所有 AM 额外的激励，以规范其行为并保持网络安全。

去中心化和集中中心化之间的平衡确保了效率和透明度，链上治理机制分为提议、批准和执行等阶段。

经济模式中独特的两个代币系统是 VET 和 VTHO。VET 作为价值转移媒介，实现了唯链 Thor 生态系统内的价值流通。VTHO 代表了使用唯链 Thor 的基础成本，在链上操作完成后被消耗。VTHO 有助于将区块链的使用成本与市场投机分开。由于 VTHO 与区块链资源利用的关联性，在对 VTHO 供需的监控下，使用成本可预测。从任何持有 VET 的地址，以每个 VET 每区块 10 秒的预定速度生成 VTHO，通过这种方式，将使用唯链 Thor 的成本从 VET 价格中分离出来。

唯链 Connex 是连接 DApp 与 VeChain 区块链和用户的标准接口，旨在帮助开发者构建去中心化的应用程序。

唯链 Sync2 与所有主流网络流量器、桌面和移动设备配合使用，主要目的是简化 DApp 的使用，为使用不同操作系统和设备的用户提供舒适的体验。

6.20 Block.one：高性能开源区块链软件的生产商

Block.one 是高性能开源区块链软件的生产商，旨在使用领先的解决方案满足企业寻求将区块链纳入其商业模式的需求。通过 EOSIO 区块链软件和服务，寻求在交易中建立信任，在系统中构建透明度，在运作方式中提升效率。EOS 代币运行在区块链上。EOS 的标识如图 6-18 所示。

EOSIO 具有多项特点：快速高效，可提供领先的交易速度和亚秒级的区块时间响应时效，为关键任务应用提供支持；高度可配置，这对于可编程架构的创建和管理具有一定价值；安全合规，受益于网络安全验证标准和端到端身份验证，实现数

图 6-18 EOS 的标识

据完整性；专注于开发者，使其可快速加入和扩展 EOSIO 上的项目。

基于 EOSIO 区块链运行的案例：基于 EOSIO 的去中心化身份认证解决方案 Omni One，将多个公钥与一个账户相关联，并采用类似于委托权益证明

（DPoS）的权力证明共识模型，以增强所认证信息的正确性。Chainflux 通过配置 EOSIO，使其在基于权力证明的共识机制上运行，提高了供应链的可追溯性和合规性，利用区块链为物联网传感器网络集成供应链解决方案的可追溯性和验证提供动力，从而使供应链中的每一步都能被追踪并记录到防篡改的区块链中。Ultra 正在开发一个游戏发行平台和市场，内置钱包服务，为区块链带来新的用户，同时在 EOSIO 的后台运行，基于 EOSIO 的 NFTs 允许游戏开发者利用二级市场与加密货币和 NFT 相结合，为玩家提供游戏奖励激励。

EOSIO 是一个高性能的开源区块链平台，旨在支持和运行安全、合规和可预测的数字基础设施，通过可编程的智能合约实现加密安全的交易层基础设施，确保账户安全、托管和权限管理，并提供一个可塑的框架。

EOS 公共网络是一个独立的区块链网络，在 EOSIO 的开源软件框架基础上，以委托权益证明的共识机制运行。EOS 公共网络是以 EOSIO 为基础的众多开放网络之一，可以使个人用户和组织创建和访问广泛的去中心化的应用程序和生态系统。EOS 公共网络不是由单一的实体控制，而是由数字资产持有人的合作社区引导。

CoinMarketCap 的数据表明，截至 2023 年 6 月，EOS 代币市值达 9.63 亿美元，流通供应量达 10.93 亿个。

EOS 是一个平台，旨在让开发者建立 DApp。EOS 使用 DPoS 共识机制，拥有 EOS 代币的人能够投票选出负责验证交易的代表，以解决 PoW、PoS 机制中的一些问题。

EOS 有能力满足数千个 DApp 的需求，并行执行或使用模块化方法以达成高效率。

第 7 章 数字货币的国际纷争

在数字货币领域，各个国家在央行数字货币、数字资产法规、加密货币支付服务法规、加密货币交易税收、加密资产市场法规、加密资产监管立法、区块链服务基础设施建设、分布式账本技术等方面展开了激烈竞争，纷纷力争夺得在数字货币领域的国际领先地位，提升国家核心竞争力。

7.1 中国

2013 年 12 月，中国人民银行、工业和信息化部等五部委联合印发了《关于防范比特币风险的通知》。

2017 年 9 月，中国人民银行、中央网信办等七部委联合发布《关于防范代币发行融资风险的公告》。

2019 年 10 月，中共中央政治局就区块链技术发展现状和趋势进行第十八次集体学习，习近平总书记在主持学习时强调，区块链技术的集成应用在新的技术革新和产业变革中起着重要作用，要加快推动区块链技术和产业创新发展。

2020 年 10 月，《中华人民共和国中国人民银行法（修订草案征求意见稿）》向社会公开，拟规定"人民币包括实物形式和数字形式"。

2021 年 5 月，国务院金融稳定发展委员会第五十一次会议提出，金融系统要坚决防控金融风险，强化平台企业金融活动监管，继续深化改革开放，加快资本市场改革，继续扩大高水平金融开放。

7.2 美国

与数字货币相关的政策，涉及美联储、美国证券交易委员会、美国商品期货交易委员会（CFTC）、美国联邦贸易委员会（FTC）、美国财政部、美国国税局（IRS）、美国货币监理署（OCC）、美国金融犯罪执法网络（FinCEN）等部门。

美国财政部下属的美国金融犯罪执法网络在2013年将比特币列为可兑换的去中心化虚拟货币。美国商品期货交易委员会在2015年9月将比特币列为商品。根据美国国税局的规定，比特币作为财产被征税。

美国怀俄明州的立法机关通过了一项法案，该法案规定了商法对特定类型数字资产的适用，明确银行托管数字资产的相关规定。允许创建新型银行或特殊目的存款机构，新型银行以托管和受托身份运行，旨在能安全合法地持有数字资产。美国阿肯色州明确了对虚拟货币的控制。美国亚利桑那州建立了区块链和加密货币研究委员会。

美国联邦储备银行一直在测试数字分类账技术，以了解数字货币对现有支付生态系统、货币政策、金融稳定和银行业的影响。波士顿联邦储备银行与麻省理工学院研究人员合作，以构建和测试一种面向美国央行使用的数字货币。

2020年7月，美国货币监理署发表了一份公开函，澄清了国家银行和联邦储备协会为客户提供加密货币托管服务的权利。美国货币监理署认识到数字资产的重要性及银行为此类资产提供保管的权利。提供加密货币托管服务包括持有与加密货币相关的唯一加密密钥，是一种与托管服务相关的传统银行活动的现代形式。随着金融市场日益数字化，银行和其他服务提供商利用新技术和创新方法来满足客户需求的应用将会增加，这样，银行可以继续履行其历来在提供支付、贷款和存款服务方面的金融中介职能。

2021年1月，美国货币监理署发出解释信（Interpretive Letter 1174），允许国家银行和联邦储备协会使用稳定币和独立节点验证作为美国金融系统内的结算基础设施，从事和促进支付活动。银行可以通过充当独立节点验证网络（INVN）上的节点来验证、存储和记录支付交易。任何稳定币都应该有能力获取和验证所有交易方的身份，包括那些使用非托管钱包的交易方。

2021年5月，美国财政部发布《美国家庭税务计划合规议程》（"American Families Plan Tax Compliance Agenda"），表示加密货币交易在未来10年的重要性可能会上升。在新的金融账户报告制度背景下，加密货币和加密资产交易所账户以及接受加密货币支付服务的账户将被覆盖。此外，收到公平市场价值超过10000美元的加密资产的企业将被报告，虽然加密货币在目前的商业交易中占有较小的份额，但这种全面的报告也是必要的——以此来减少将收入转移到报告制度之外的机会。

值得注意的是，美国国税局已将加密货币交易确定为执法优先事项，并且将加密货币报告纳入个人纳税申报表——Form 1040。该申报表可表述为：在年度的任何时候，您是否收到、出售、发送、交换或以其他方式获得任何虚拟货币的任何经济利益？回答"是"或"否"。

7.3 欧盟

欧盟委员会认识到，在与基于区块链应用有关的领域，法律确定性和明确的监管制度非常重要。欧盟强烈支持构建欧盟范围内的区块链法规，以避免法律和监管的分散性。

欧盟委员会通过了一套全面的加密资产监管立法提案，以增加投资并确保消费者和投资者得到保护。这套提案更新了针对加密资产的金融市场规则，并为欧盟金融监管机构建立了法律框架，以便在证券交易时和交易后使用区块链。

欧洲中央银行（ECB）和欧盟委员会的服务部门正在联合审查引入数字欧元后可能出现的广泛的法律、政策和技术问题。

欧盟推动关于加密资产的新法律提案。欧盟委员会给希望尝试以加密资产形式的金融工具交易和结算的市场基础设施提出了一个试点制度。该试点制度允许豁免现有规则，并允许监管机构和公司测试、利用区块链的创新解决方案。对于不符合金融工具条件的加密资产（如公用事业代币或支付代币），欧盟委员会提出了一个具体的新框架，该框架将取代目前管理此类加密资产的发行交易和存储的其他规则。

加密资产市场法规支持创新，同时保护消费者和加密货币交易所的完整性，拟议的条例涵盖了发行加密资产的实体、围绕加密资产提供服务的公司、运营数字钱包的公司和加密货币交易所。

欧盟通过捐赠款和奖金以及支持投资等方式为区块链研究和创新提供资

金。欧洲公共部门正在建设区块链服务基础设施，以期能与其他平台相互操作。欧盟委员会利用区块链技术的创新来帮助应对气候变化，在区块链标准社区中也发挥着积极作用，并与世界各地的相关机构进行接触和合作。欧洲区块链伙伴关系（EBP）是一项制定欧盟区块链战略和建设公共服务区块链基础设施的倡议。欧盟区块链观察站和论坛促进了决策者、思想者和区块链社区之间的对话。

7.4 日本

在日本经营的加密货币交易业务受到《支付服务法》的监管。加密货币业务必须注册、保存记录、采取安全措施以保护客户。加密货币交易法规必须符合反洗钱法，并保护投资者用户。《支付服务法》将加密货币定义为有价值的财产。

2020年5月，日本加密货币监管框架《支付服务法》和《金融工具和交易法》的修正案生效。《支付服务法》将"虚拟货币"一词修改为"加密货币"，加强对加密资产托管服务的监管，收紧外汇服务监管。日本建立了电子记录的可转让的权利及其适应的法规，引入了管理加密资产衍生交易的法规，以及监管加密资产或加密资产衍生交易中不公平行为的法规。这些法规由日本最高金融监管机构金融厅提出，并由日本立法机构通过。日本将加强对加密货币运营商与相关业务的监管，包括对加密货币交易所，加密货币销售、购买，衍生品业务的规范和监管。

2020年7月，日本央行发布了一份题为《充当现金等价物的央行数字货币的技术挑战》的报告，总结了日本让其央行数字货币充当现金等价物涉及的技术问题，以及通过可行性研究验证使用其央行数字货币作为现金等价物的可能性。

7.5 德国

2013年8月，德国财政部宣布比特币本质上是一种记账单位，可用于该国的税收和交易目的，这意味着用比特币进行付款必须像欧元交易一样缴纳增值税。

2019 年 11 月，德国联邦议会通过一项立法，该立法允许银行从 2020 年 1 月起销售和存储加密货币。

根据《德国银行法》（KWG）修正案，德国针对自然公民和法人实体的虚拟资产服务提供商应向德国联邦金融监管局（BaFin）申请许可证。该修正案将加密货币托管人和交易所定义为金融机构，因为它们能够提供金融服务。

2020 年，德国提出关于引入电子证券的法律草案（eWpG），允许在区块链上持有金融证券。这意味着发行人、持有人能够基于区块链技术的登记册记录他们的证券。到目前为止，这部法律草案仅适用于债务。关于引入电子证券的法律草案旨在使德国相关证券法和相关监督法现代化。建立数字证券是德国联邦政府区块链战略的核心构件之一。为了确保证券的可销售性和法律上的安全性，需要对纸质文件进行适当替代，将纸质文件输入基于区块链技术的登记册。德国联邦金融监管局将提供发行和维护分布式的登记册列为新的证券存管条例，并提供金融服务。

7.6 英国

2016 年，英国政府科学办公室发表了一份关于分布式账本技术（DLT）的报告。该报告阐述了这项技术如何改变公共服务并提高生产力。

2017 年，英国政府推出数字战略。该战略阐述了政府的雄心壮志，即让英国成为开办和发展数字企业的最佳之地，包括使用分布式账本等新技术。

英国政府支持 DLT 的发展，通过英国研究与创新署投资，支持各种 DLT 项目，建立概念验证，在公共部门试用 DLT，加入欧盟区块链伙伴关系，帮助公共部门开发跨境区块链项目，创建 GovTech 催化剂基金，探索基于技术的解决方案，以应对公共部门的挑战，并推动部署 DLT 以支持新形式的金融服务基础设施。

由于涉及加密资产的商业模式、实体类型和功能繁多且不断变化，英国金融行为监管局（FCA）、英格兰银行和英国财政部于 2018 年联合成立了加密资产工作组，旨在定义何时及如何监管加密资产。

英国加密资产工作组制定了处理加密资产和 DLT 的方法，即安全和透明的金融服务商业场所，确保金融市场的高监管标准，保护消费者，防范未来可能出现的对金融稳定的威胁，让那些遵守规则的金融业创新者能够茁壮成长等。

英国加密资产工作组在报告中提到，应采取强有力的行动来解决与现有监管框架内的加密资产相关的风险。

英国加密资产工作组提出，加密资产市场包括以下参与者。

（1）加密资产开发者和发行者：设计或发行加密资产，包括通过 ICO 发行代币。

（2）投资者：包括个人和机构。

（3）金融中介机构：经纪商，让客户了解不同的加密资产或给客户购买加密资产提供咨询建议。

（4）矿工或交易处理器：受到费用或其他奖励的激励，通过解决加密难题将交易添加到分类账中来验证交易。

（5）交易平台或交易所：促进参与者之间的交易。

（6）流动性提供商：如专业做市商，为交易提供便利。

（7）支付和商户服务提供商：使客户能使用加密资产向商户付款，或通过加密资产转账。

（8）钱包和托管服务提供商：承诺安全存储加密资产。

英国金融行为监管局已成为反洗钱（AML）和反恐融资（CTF）的监管机构。英国 AML 要求对加密货币原生企业的所有客户进行 KYC（了解你的客户）和 CDD（客户尽职调查），如用户的合法姓名、官方文件中显示的身份证照片和居住证明等。

7.7 法国

2014 年 1 月，法国银行和保险监管机构审慎监管管理局（ACPR）表示，加密货币公司或机构代表客户接收、购买、出售加密货币需要获得提供支付服务的许可证。

2016 年，法国政府允许在证券登记中使用区块链技术，仅限于小型和中型的短期债券。

2017年10月，法国金融市场管理局（AMF）推出了数字资产筹资支持和研究计划，以支持和分析首次代币发行。

2017年12月，法国通过一项法律，授权使用区块链技术登记和转让非上市证券。

2018年4月，法国最高行政法院做出决定，要减轻来自加密货币的税收负担。

2018年6月，法国战略委员会发布与区块链和加密货币有关的报告，报告提出了改革建议，以使区块链和加密货币技术在法国得到良好的发展。

2019年5月，法国颁布PACTE（商业增长与转型行动计划）法案，对首次代币发行和提供加密资产服务的中介机构进行监管。

2020年12月，法国发布法案，要求在法国运营的加密货币公司必须在AMF注册。法国加密公司在法律上被定义为数字资产服务提供商，可以向AMF申请非强制性许可证，以获得额外管理和营销机会。

7.8 澳大利亚

2017年，澳大利亚政府宣布加密货币是合法的，因此加密货币受2006年《反洗钱和反恐融资法案》（AML/CTF法案）相关规则的约束。相关法律特别指出，比特币以及具有共同特征的加密货币应被视为财产并缴纳资本利得税。税收待遇的变化表明澳大利亚政府对加密货币采取了逐步推进的方法。

2017年3月，澳大利亚证券和投资委员会（ASIC）发布了一份信息表，评估分布式账本技术，概述解决监管问题的方法。这些监管问题可能伴随区块链技术和分布式账本技术的解决方案的实施而出现。

2018年，澳大利亚交易报告和分析中心（AUSTRAC）宣布实施更强大的加密货币交易法规。这些法规要求在澳大利亚运营的数字货币交易所必须在AUSTRAC注册。该规则要求充当交易所或提供可注册交易所类型服务的实体需要识别和验证其用户，维护记录并履行AML/CTF报告义务。

2019年5月，澳大利亚证券和投资委员会发布了对首次代币发行和加密货币交易的监管要求。

2020年8月，澳大利亚监管机构迫使多个交易所将隐私币（一种特定类型的匿名加密货币）下架。

2020年11月，澳大利亚储备银行宣布探索央行数字货币。澳大利亚储备银行正在与澳大利亚联邦银行、澳大利亚国民银行、Perpetual 和 ConsenSys Software 合作开展该项目。

澳大利亚已经建立了加密货币监管模式，努力为未来的加密业务提供清晰的运营框架。

7.9 俄罗斯

2021年1月，俄罗斯关于数字金融资产、数字货币的法案以及对某些联邦立法的修正案已生效，旨在解决俄罗斯数字金融资产（DFA）的发行、记录和流通问题，以及数字货币的流通问题，允许使用数字货币进行基本操作和交易，包括销售、购买、记录等，但禁止将数字货币作为俄罗斯居民购买的服务和商品的支付手段。

DFA 是数字权利的子集，包括货币债权、行使可发行证券附加权利的能力、非公开股份公司的资本权益、要求转让可发行证券的权利等。DFA 的发布应在一个特殊的信息系统内实施，该信息系统可以基于分布式账本技术运行，并由信息系统运营商维护。

在数字货币挖矿、智能合约监管和数字货币流通方面，将通过单独的法规进一步补充。俄罗斯财政部制定的与数字货币税收监管相关的法律草案已在立法议程中。

俄罗斯央行提出了数字卢布的概念，这是其监管机构正在考虑的俄罗斯央行的数字货币。数字卢布将存在于一个结合分布式账本技术和俄罗斯银行集中控制的混合技术平台中。俄罗斯将有计划地将央行数字货币整合到金融体系中。

7.10 瑞士

瑞士国家银行负责该国货币政策的制定，是瑞士法郎纸币的发行者，目标是确保瑞士法郎纸币价格稳定，同时促进本国经济的发展。

瑞士的比特币业务受到反洗钱法规的约束，在某些情况下，比特币业务需要获得银行执照。

2013年12月，瑞士联邦议会多名成员提出了一项关于数字可持续性的提案，呼吁瑞士政府评估瑞士金融部门使用比特币的机会，还寻求澄清比特币在增值税、证券和反洗钱法方面的法律地位。

瑞士联邦委员会于2014年6月发布了一份关于虚拟货币的报告，该报告指出，由于虚拟货币并不处于法律真空中，因此瑞士联邦委员会当时认为没必要立法。

2016年，瑞士楚格州将比特币作为支付城市费用的一种方式，以尝试将楚格州提升为一个正在推进未来技术的地区。

2016年，瑞士国有铁路公司瑞士联邦铁路公司（SBB）在其售票机上出售比特币。用户可以在SBB售票机上快速、方便地充值比特币钱包。

2018年，瑞士金融市场监督管理局（FINMA）表示，将对加密货币行业采取平衡法，允许合法的创新者驰骋于监管环境之中。

瑞士证券交易所是世界上较早（2018年）获得许可批准将加密货币作为衍生品基础工具的交易所，这使得加密货币抵押品的上市成为可能。在瑞士证券交易所，以交易所交易产品（ETP）的形式进行交易。交易所交易的产品是有抵押、不付息、不记名的债务证券，可以连续以相同的结构和面额出售和赎回。

2021年5月，瑞士证券交易所提供了近150种加密货币产品和加密货币衍生品。

第三篇

数字货币之利

第8章 数字货币市场异彩纷呈

8.1 市场排行榜：全球加密货币市值 Top40

截至2023年6月，全球数字货币市值排行榜Top20及其市值占比份额如表8-1所示。按照数字货币的市值大小，排在前20位的分别是BTC（比特币）、ETH（以太币）、USDT（泰达币）、BNB（币安币）、USDC（美元币）、XRP（瑞波币）、ADA（艾达币）、DOGE（狗狗币）、SOL、MATIC、TRX、LTC（莱特币）、DOT（波卡币）、BUSD、AVAX、SHIB、DAI、WBTC、ATOM、LEO。

截至2023年6月，全球数字货币市值排行榜Top21至Top40及其市值占比份额如表8-2所示。

表 8-1 全球数字货币市值排行榜 Top20 及其市值占比份额

排名	名称	价格/元人民币	市值/元人民币	流通供应量	最大供应量	占有率/%
1	BTC	190627.62	3696857530100	19393237 BTC	21000000 BTC	45.86
2	ETH	13299.96	1599129382120	120235693 ETH	—	19.82
3	USDT	7.11	591258252946	83152494319 USDT	—	7.34
4	BNB	2141.51	333766449905	155855742 BNB	—	4.14
5	USDC	7.11	205489515689	28908070663 USDC	—	2.55
6	XRP	3.82	198592405693	51987017573 XRP	100000000000 XRP	2.44
7	ADA	2.66	92965168866	34893996608 ADA	45000000000 ADA	1.15
8	DOGE	0.5098	71180628793	13963621638 DOGE	—	0.88
9	SOL	152.72	60701938751	397468244 SOL	—	0.75
10	MATIC	6.30	58442020260	9279469069 MATIC	10000000000 MATIC	0.72
11	TRX	0.5793	52238274534	90185395960 TRX	—	0.65
12	LTC	66263.00	48423023325	73075977 LTC	84000000 LTC	0.60
13	DOT	37.40	44553504348	1191211737 DOT	—	0.55
14	BUSD	7.11	36608167835	5149534149 BUSD	—	0.55
15	AVAX	104.42	35957018891	344334241 AVAX	720000000 AVAX	0.45

（续表）

排名	名称	价格/元人民币	市值/元人民币	流通供应量	最大供应量	占有率/%
16	SHIB	0.0006069	35762350332	5893493 6515 1246 SHIB	—	0.44
17	DAI	7.10	34000930449	4786165057 DAI	—	0.42
18	WBTC	191222.67	29944776104	156628 WBTC	—	0.37
19	ATOM	76.00	26330965156	346608690 ATOM	—	0.33
20	LEO	25.55	23753202891	930198379 LEO	—	0.29

表 8-2 全球数字货币市值排行榜 Top21 至 Top40 及其市值占比份额

排名	名称	价格/元人民币	市值/元人民币	流通供应量	最大供应量	占有率/%
21	LINK	45.41	23484668073	517099970 LINK	1000000000 LINK	0.29
22	UNI	35.31	20387127594	577501036 UNI	1000000000 UNI	0.25
23	OKB	324.05	19432543600	60000000 OKB	—	0.24
24	XMR	1045.65	19123871780	18287945 XMR	—	0.24
25	ETC	127.90	18070763404	141286040 ETC	210700000 ETC	0.22
26	XLM	0.6488	17425435342	26846649312 XLM	50001806812 XLM	0.22

数据来源：CoinMarketCap。

(续表)

排名	名称	价格/元人民币	市值/元人民币	流通供应量	最大供应量	占有率/%
27	BCH	811.05	15744042794	19411038 BCH	21000000 BCH	0.20
28	TON	12.29	15028376187	1221401181 TON	5000000000 TON	0.19
29	ICP	33.60	14665191560	436481288 ICP	—	0.18
30	TUSD	7.11	14615793613	2056494692 TUSD	—	0.18
31	LDO	16.06	14126158454	879340280 LDO	1000000000 LDO	0.17
32	FIL	32.60	13954385262	428036165 FIL	—	0.17
33	APT	62.87	12560528016	199779717 APT	—	0.16
34	HBAR	0.3536	11173142356	31599916410 HBAR	50000000000 HBAR	0.14
35	CRO	0.4283	10821301673	25263013692 CRO	30263013692 CRO	0.13
36	ARB	8.33	10616382129	1275000000 ARB	—	0.13
37	NEAR	11.57	10562913815	912952840 NEAR	—	0.13
38	VET	0.1387	10084568641	72714516834 VET	86712634466 VET	0.13
39	QNT	822.83	9933618312	12072738 QNT	14881364 QNT	0.12
40	APE	22.81	8407824690	368593750 APE	1000000000 APE	0.10

8.2 全球走势：波澜起伏的加密货币市场走势

加密货币市场波澜起伏，价格上蹿下跳，这对全球投资者或投机者来说既是机会，也有巨大风险。

比特币价格走势如图8-1所示。

2017年12月17日，比特币的价格短暂达到历史高点19783.06美元。

2017年12月22日，比特币价格跌破11000美元，比5日前的高点下跌了44%。

2018年11月15日，比特币价格跌至5500美元。

2021年1月7日，比特币的价格首次超过40000美元。

2021年7月，比特币、以太币、莱特币、瑞波币、狗狗币等主要加密货币的价格相对于4月和5月创下的价格高点，都跌了一半甚至超过一半的幅度。

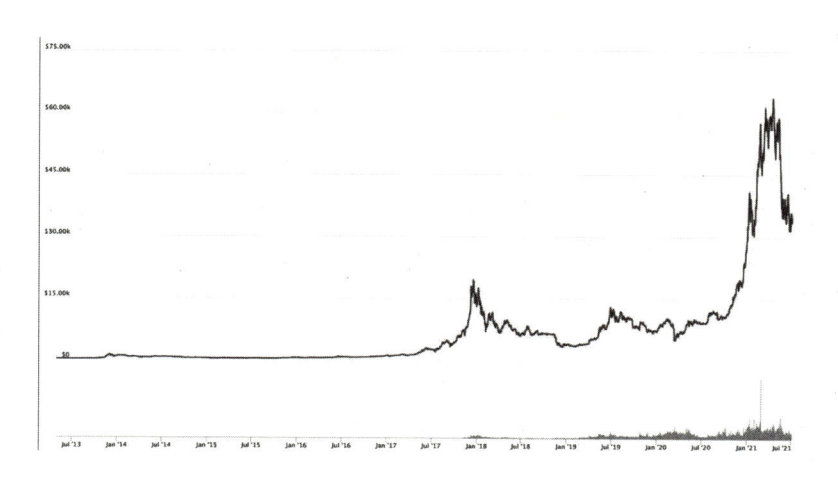

图8-1 比特币价格走势

数据来源：CoinMarketCap。

2021年11月11日，比特币的价格创出新高64978.89美元。

2023年6月5日，比特币价格达26831.08美元。

比特币市场走势波澜起伏，由此可见加密货币市场机会与风险并存。

8.3 交易所：全球加密货币交易所 Top20

全球加密货币交易所 Top20 的流量、流动性、交易量及置信度等综合起来相对领先，包括币安、火币、Coinbase、FTX、Kraken、Bithumb、KuCoin、Gate. io、Bitfinex、Binance. US、Bitstamp、Coinone、BitFlyer、Poloniex、OKEx、Bittrex、Gemini、Liquid、FTX US、Coincheck 等。

8.4 DeFi：去中心化金融

DeFi 是一种基于区块链的金融形式，不依赖中心化金融中介机构（如经纪公司、中心化交易所或银行）来提供传统金融工具，而是利用区块链上的智能合约（常见的是以太坊）来进行交易。在 DeFi 平台中，通过向他人借出或借用资金，利用金融衍生品对一系列资产的价格变动进行投机，交易加密货币，为风险投保，并在类似储蓄的账户中获得利息。

DeFi 使用分层架构和高度可组合的架构。一些 DeFi 应用虽促进了高利率的收益，但同样有高风险。到 2020 年 10 月，超过 110 亿美元的加密货币被存入各种分布式金融协议。

目前，全球 DeFi 代币按其市值排名，领先的 DeFi 代币有 UNI、LINK、WBTC、DAI、AAVE、MKR、CAKE、LUNA、COMP、AVAX 等。

基于稳定币的借贷平台 Maker DAO，被认为是第一个大量使用 DeFi 的应用。Maker DAO 允许用户借入 DAI（去中心化的稳定币），同时，该平台的原始代币与美元挂钩，通过以太坊区块链上的一套智能合约来管理贷款、还款和清算过程。Maker DAO 旨在以去中心化和自主的方式保持 DAI 的价值稳定。

DeFi 围绕着去中心化应用程序（DApp），这些应用程序在区块链的数字账本上执行金融功能。这种技术刚开始被比特币利用，后来被各种数字货币更广泛地利用。交易不是通过加密货币交易所等中心化中介进行的，而是在参与者之间直接进行，由智能合约程序调解。DApp 通常通过支持 Web 3.0 的浏览器扩展或应用程序访问，且允许用户通过网站直接与以太坊区块链互动。例如，稳定币持有人可以在 AAVE 等流动性协议中向流动性池投入资产。AAVE 还为市场提供闪电贷款，可以是任意金额的无抵押贷款，能够在几分钟甚至几秒钟内取出并偿还。这种闪电贷款有多种用途，如套利、抵押品互换和自我清算等。

去中心化指的是无须中心化的交易所。DeFi 协议本身的智能合约程序是由开发者和程序员社区使用开源软件运行的。

DeFi 协议的一个例子是 Uniswap。Uniswap 是一个在以太坊区块链上运行的去中心化交易所，允许以太坊区块链上发行的千百种不同的数字代币进行交易。Uniswap 的算法不依靠中心化的做市商来完成订单，而是通过向提供流动性的人发放交易费来激励用户为代币形成流动性池。开发团队为 Uniswap 的部署编写软件，但 Uniswap 平台最终由其用户管理。因为没有中心化的一方运行 Uniswap，所以没有人检查使用该平台的人的身份，而这是否符合监管要求，有待商榷。

实现 DeFi 平台的智能合约的代码通常是开源的，可以很容易被复制，以建立竞争平台，但资金从一个平台转移到另一个平台会造成某种不稳定性。另外，基于区块链的交易是不可逆的，这意味着 DeFi 平台的错误交易，甚至部署的含有错误的智能合约代码不能被轻易纠正。

DeFi 的出现无疑给出了除传统的中心化金融之外的一种全新模式，一种没有传统的金融中介而是双方参与者直接交易的模式。DeFi 模式有待在市场中得到更长期的发展验证。

8.5 NFT：非同质化代币

非同质化代币（NFT）是存储在数字账本上的数据单元，证明数字资产是唯一的。NFT 可用于表示照片、视频、音频和其他类型的数字文件等项目，也可以对原始文件等任何副本进行访问。虽然任何人都可以获得这些数字项的副本，但 NFT 会在区块链上进行跟踪，以向所有者提供与版权分开的所有权证明。2021 年第一季度，NFT 销售额超过 20 亿美元。

NFT 可以交易，可以与特定的数字或实物资产、文件，以及使用该资产的许可相关联。NFT 可以在数字市场上进行交易。

NFT 的功能类似于加密代币，但与比特币等加密货币不同，它不能相互交换，因为每个 NFT 可能代表不同的基础资产，具有不同的价值。区块链将加密散列记录串联到先前的记录，创建 NFT 以及一系列可识别的数据块。这种加密交易过程，通过提供数字签名来确保每个数字文件的认证，并用于跟踪 NFT 所有权。

NFT 的唯一身份和所有权可通过区块链账本验证。NFT 的所有权通常与使用底层数字资产的许可有关。有些协议不授予买方版权，仅授予个人非商业用途，还有一些协议允许商业用途。

数字艺术是 NFT 的早期使用案例，因为区块链技术能保证 NFT 的独特签名和所有权。在曾经交易的案例中，包括数字拼贴画、视频作品、3D 渲染模型等，一些数字艺术家的作品售价高达数千万美元。

8.5.1 NFT 的典型应用场景

对 NFT 的广泛关注，促进了加密货币收藏品和 NFT 艺术品的蓬勃发展。稀缺性和独特性使 NFT 与现实世界资产、音乐版权、数字艺术匹配良好。随着 NFT 的进一步发展，NFT 用例也逐渐增多。

艺术品 NFT：有助于解决数字艺术中长期存在的稀缺性问题，以数字方式验证其真实性和所有权。

收藏品 NFT：如社交媒体的推文，每个推文 NFT 都有经过验证的创作者签名，只有原始创作者可以将他们的推文生成 NFT。

融资 NFT：在去中心化金融中，NFT 也提供了独特的金融利益。

音乐 NFT：由音乐作品生成 NFT，实现音乐作品的版税销售，也实现基于区块链的流媒体平台、版权与版税的跟踪溯源。

游戏 NFT：游戏对可交易的独特物品有着巨大的需求，视频游戏的代币结合了艺术、收藏和娱乐的特点。

资产所有权 NFT：将所有权信息（如物业位置、面积、所有人等）写入区块链中，并生成 NFT。

原产地和物流 NFT：对于一些对原产地和物流信息敏感的贵重商品，如地方特产、瓷器、茅台酒、钻石等，一个商品分配一个 NFT，带有时间戳的元数据包括商品的创建时间和地点、创建大师信息、唯一编号等，被添加保存到区块链中。

另外,可以将 NFT 的 ID、地址、元数据信息编码到二维码,采用二维码激光打标的方式将其放到商品上或商品的包装上,然后可以利用手机等移动设备快速扫描二维码,查询 NFT 信息。

8.5.2　一幅由 5000 张数字图像组成的拼贴画 NFT

"Everydays：The First 5000 Days" 是由 Mike Winkelmann 为他的 Everydays 系列创作的数字艺术作品,专业人士称之为 Beeple。该作品是由 5000 张数字图像组成的拼贴画。

与 Mike Winkelmann 的数字艺术作品相关的不可替代代币 NFT,于 2021 年 3 月在佳士得拍卖会上以 6930 万美元的价格售出,这是目前较昂贵的 NFT,也是在世艺术家中较昂贵的作品之一。购买者 Vignesh Sundaresan（笔名 MetaKovan）使用 42329 枚以太币支付了该艺术品费用。MetaKovan 获得展示艺术品的权利,但不获得版权。MetaKovan 在 Metaverse 的数字博物馆展示了全分辨率的艺术品。

在 "Everydays：The First 5000 Days" 中,艺术家将反复出现的主题和色彩方案拼接在一起,创造了一个美学的整体。按照松散的时间顺序排列,放大个别作品可以看到抽象的、幻想的、怪诞的和荒谬的图片,以及当前的事件和令人印象深刻的时刻。

8.5.3　NBA 顶级投篮 NFT

NBA Top Shot 是较成功的 NFT 项目之一,在 NFT 项目中拥有大量的用户。NBA 顶级投篮 NFT 概念如图 8-2 所示。

图 8-2　NBA 顶级投篮 NFT 概念

NBA、NBPA 与区块链 Dapper Labs 合作，推出了一个名为 NBA Top Shot 的新数字平台，即一个 NFT 市场，创新推出数字化体育收藏品。球迷可以购买、出售 NBA 时刻——经过包装的精彩片段。在链上放了一些与这一时刻有关的数据，如球员的表现、球队的表现等。比如，有个时刻——詹姆斯对阵休斯敦火箭队的扣篮，售价为 38.76 万美元，交易收入由 NBA、NBPA 与 Dapper Labs 分享。

8.5.4 Axie Infinity 游戏 NFT：游戏装备也是数字资产

Axie Infinity 是一种新型游戏，通过玩游戏赚取 AXS 代币。任何人都可以通过熟练的游戏和对生态系统的贡献来获得代币。数字宠物 Axie 是一种凶猛的"生物"，它们喜欢战斗，并寻觅和建造宝藏。玩家可以为他们的宠物战斗、收集、养育建立一个基于陆地的王国。90000+ ETH 在市场交易，最贵的 Axie 达 300 ETH，每日活跃玩家超 250000 人。Axie 与传统游戏的区别在于，区块链经济设计被用于奖励玩家对生态系统的贡献，这种游戏模式被称为"玩到赚"。玩家可以通过以下方式赚钱：参加 PVP 战斗，赢得排行榜上的奖项；培育 Axie，并在市场上出售；收集和投机稀有的 Axie；种植 Axie 所需的药水；等等。玩家可以获得治理代币 AXS，Axie 是以趣味性和教育性的方式建立的。

Axie Infinity 游戏 NFT 概念如图 8-3 所示。

图 8-3　Axie Infinity 游戏 NFT 概念

8.5.5 Decentraland 去中心化土地游戏 NFT：虚拟土地资产

Decentraland 是一个由以太坊区块链提供支持的去中心化虚拟现实平台，用户可以在平台上创建、体验和货币化自己的内容和应用程序。Decentraland NFT 市场如图 8-4 所示。

Decentraland 中有限的、可遍历的 3D 虚拟空间称为 LAND，一块土地大小为 16 米×16 米，或 52 英尺×52 英尺（1 英尺=0.3048 米），这是一种以太坊智能合约中不可替代的数字资产。土地被划分为由笛卡尔坐标 (x, y) 标识的地块，这些地块由社区成员永久拥有，且只能使用 Decentraland 的加密代币 MANA 购买。MANA 是 Decentraland 的 ERC-20 加密代币，它被燃烧或消耗以换取 LAND 地块。用户还可以与其他用户交易 MANA，以换取托管在 Decentraland 的商品和服务，这使用户可以完全控制他们创建的环境和应用程序。一些地块被组织成主题社区或地区，社区可以创建具有共同兴趣和用途的共享空间。

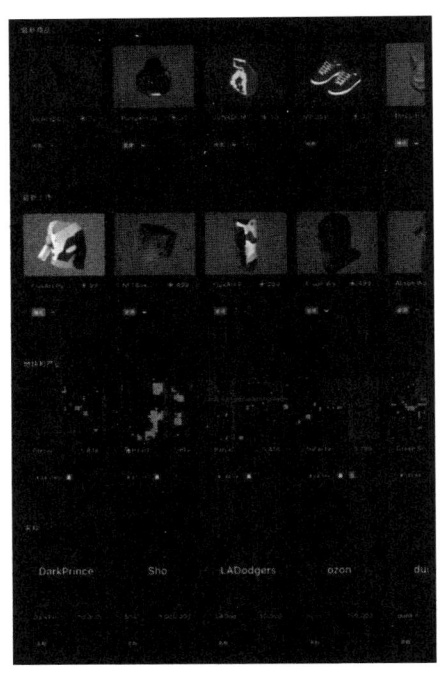

图 8-4 Decentraland NFT 市场

构成 Decentraland 的内容通过去中心化网络存储和分发，而所有权和交易在以太坊区块链上进行验证。用户可以使用 LAND 来构建三维空间和应用程序，LAND 建立在 ERC-721 标准之上，使其成为可以与其他用户进行交易的数字资产。LAND 是一种不可替代的数字资产，为确保 LAND 地块的价值稳定，Decentraland 中的土地数量对应固定的 MANA 总量。

8.5.6 密码朋克：10000 个艺术头像，每个约达 10 万美元

密码朋克（CryptoPunks）是 10000 个独特的收藏字符，并带有存储在以

太坊区块链上的所有权证明。CryptoPunks 是以太坊上较早的不可替代代币的例子之一。CryptoPunks 是 24×24 像素的艺术图像，通过算法生成。大多数 CryptoPunks 看起来像很笨拙的男孩和女孩，且每个朋克都有自己的个人资料页面，显示它们的属性以及它们的所有权/出售状态。截至 2023 年 6 月，在已销售的朋克中最高价为 4.2K ETH，合 757 万美元。过去 12 个月，朋克销售成交次数为 11992 次。所有销售额的总价值是 319.61K ETH，合 9.881 亿美元。朋克的实际图像较大，没有存储在区块链上，图像进行了哈希处理并嵌入了合约中，用户可以通过计算密码朋克图像的 SHA-256 哈希值，并将该哈希值与存储在合约中的哈希值进行比较，来验证以太坊合约管理的朋克是不是正版的 CryptoPunks。CryptoPunks 是一种 ERC-20 代币。密码朋克 CryptoPunks 如图 8-5 所示。

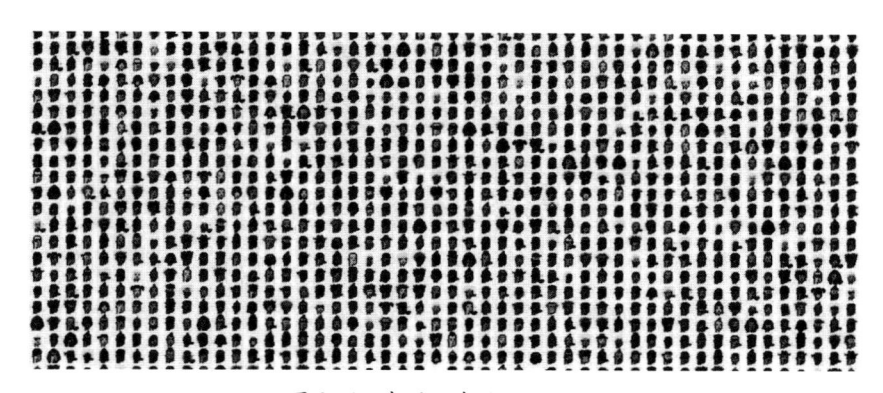

图 8-5　密码朋克 CryptoPunks

加密朋克 1828 是一个女孩样子的头像，目前由地址 0x742117 拥有。这款朋克头像目前由所有者以 75.57 ETH 的价格出售，并且资料中还记录了该款朋克头像的所有历史交易记录，包括交易时间、交易价格、卖方和买方等信息。加密朋克 1828 的资料如图 8-6 所示。

图 8-6 加密朋克 1828 的资料

8.6 区块链浏览器：浏览市场交易

区块链浏览器是一种区块链搜索引擎，用户可以使用区块链浏览器搜索特定的信息。在加密货币区块链上进行的活动称为交易，当加密货币被送入和送出钱包地址时，就会发生交易。每笔交易都被记录在一个数字账本上，即区块链上。区块链上的区块是由一组被称为矿工的第三方处理和批准的交易的集合。

区块链浏览器是一种在线工具，可以查看区块链上发生的所有交易、当前网络哈希率和交易增长、区块链地址上的活动以及其他有用信息。

加密货币的交易者和用户可利用区块链浏览器检查交易状态。用户一旦发起交易，就会收到一个自动生成的交易哈希，并可以使用该交易哈希来查找付款的详细信息以及判断交易是否成功。

矿工使用区块链浏览器来确认重要的区块活动，以及检查特定区块的创建是否成功。

加密爱好者可以跟踪市场活动，如流通供应中的比特币数量、市值或记录开采比特币所需要的算力。

从以太坊区块链浏览器可以查询到区块高度、区块生成时间、交易数量、矿工、奖励额、挖矿难度、区块大小、Gas 消耗量、区块 Hash、前一区块 Hash、随机数 Nonce 等信息。

通过以太坊交易浏览（见图 8-7）可以查看交易 Hash、是否成功的状态、区块高度值、时间戳、交易发送方、交易接收方、交易价值、交易费用、所用的 Gas 等信息。

Transaction Hash:	0xaccdbf3284eaef9d7e9eb1aac955713f285062c972e1b5dc9f8b35e35c70790f
Status:	Success
Block:	12766609 99 Block Confirmations
Timestamp:	18 mins ago (Jul-05-2021 09:16:32 AM +UTC) Confirmed within 37 secs
From:	0x8b5eac03e5a23166007910850ddf37723622488e
To:	0x0c3a29e7cf008509cd8b4e2b9d599fab743e6d35
Value:	0.476356338882446841 Ether ($1,085.99)
Transaction Fee:	0.000294 Ether ($0.67)
Gas Price:	0.000000014 Ether (14 Gwei)
Gas Limit:	21,000
Gas Used by Transaction:	21,000 (100%)
Nonce Position:	2 154
Input Data:	0x

图 8-7　以太坊交易浏览

8.7　比特币 ETF：在传统证券交易所交易

ETF（交易所交易基金）是一种公开的投资工具，就像股票一样；ETF是投资者接触标的资产价值的一种方式，在传统证券交易所交易。当资产价格上涨时，ETF 的价值也会上涨；当资产价格下跌时，ETF 的价值也会下跌。ETF 是散户投资者一次性投资一篮子资产的一种方式，比特币 ETF 的股票可以在传统证券交易所交易。

比特币 ETF 的运作方式与其他的 ETF 大致相同，投资者可以通过股票经纪公司购买比特币 ETF。比特币 ETF 跟踪比特币的当前价格，并与比特币的价格波动保持同步。投资者在投资比特币 ETF 时无须担心私钥、存储或比特币钱包等，因为他们拥有 ETF 的股份，就像拥有股票一样，并且可以在没有购买和持有加密货币的情况下接触加密货币市场。

比特币 ETF 由投资者购买和持有的实际比特币的公司管理，比特币 ETF 的价格与基金中持有的比特币挂钩。比特币 ETF 提供新型交易机会，包括卖空，即投资者可以在其中做空比特币。

2021 年 2 月，加拿大推出首个比特币 ETF，即 Purpose 比特币 ETF（BTCC）。截至 2023 年 6 月，加拿大拥有 9 个加密货币 ETF。

目前，在美国，对冲基金和其他投资公司向美国证券交易委员会（SEC）提交了多个比特币 ETF 的申请数量——已达 7 个，但尚未获批。比特币 ETF 有望给比特币投资带来主流可信度和广泛接受度。

8.8　DApp：去中心化应用程序

DApp 是一个建立在去中心化网络上的应用，结合了智能合约和前端用户界面。在以太坊，智能合约是可访问的，就像开放的 API，DApp 甚至可以包含他人编写的智能合约。

DApp 的后端代码运行在一个去中心化的点对点网络上，这与后端代码运行在中心化服务上的应用程序形成对比。DApp 拥有以任何语言编写的前端代码和用户界面，且可以调用后端。此外，DApp 的前端可以托管在分布式存储上，如 IPFS。

DApp 具有以下特点：去中心化，意味着 DApp 是独立的，没有人可以作为一个群体来控制 DApp；确定性，即无论在什么环境下，DApp 都执行同样的功能；图灵完备，意味着给定所需的资源，DApp 就可以执行任何操作；隔离性，意味着 DApp 是在一个被称为以太坊虚拟机（EVM）的虚拟环境中执行的。

去中心化应用程序的概念是由支持智能合约的区块链平台实现的，第一个是以太坊，除了以太坊，其他流行的 DApp 平台有币安 BSC、Neo、NEM 等。EVM 可以被描述为一个分布式计算机，可以执行一个普通计算机预计能执行的每一个操作。EVM 有自己的编程语言 Solidity，允许开发者以分布式方式在 EVM 上编码和运行想要的任何应用程序。

有许多成功的 DApp 拥有高市值和大量活跃用户，如 Augur 预测市场平台、Golem 闲置算力市场、BAT 基于区块链的数字广告平台等。

DApp 可以应用在多个在线行业，比如金融、游戏等。Dapp.com 平台跟踪了建立在主流区块链上的 4559 个 DApp，包括以太坊、币安、Polygon、EOS、TRON、Neo、Terra 等平台，DApp 类别涉及金融、交易所、市场、实用程序、游戏等。DApp 交易额排名如表 8-3 所示。

表 8-3　DApp 交易额排名

排名	应用	类别	区块链	24 小时用户数	24 小时交易量	24 小时交易额
1	Uniswap V3	交易所	以太坊	8.35K	29.87K	8.8634 亿美元
2	羊驼财经	金融	币安 BSC	1.48K	14.04K	8.3889 亿美元
3	Aave 协议	金融	以太坊	239	977	5.1534 亿美元
4	金星协议	金融	币安 BSC	1.15K	7.64K	4.1929 亿美元
5	化合物	金融	以太坊	165	194	4.1646 亿美元
6	MDEX BSC	交易所	币安 BSC	2.77K	24.75K	3.6359 亿美元
7	Uniswap V2	交易所	以太坊	17.19K	64.73K	2.9082 亿美元
8	寿司互换	交易所	以太坊	4.16K	17.40K	2.8872 亿美元

（续表）

排名	应用	类别	区块链	24小时用户数	24小时交易量	24小时交易额
9	外海	市场	以太坊	47.95K	85.25K	2.5273亿美元
10	1寸网络	交易所	以太坊	905	3.40K	1.7459亿美元
11	煎饼交换	交易所	币安BSC	230.22K	1.03M	1.6477亿美元
12	奶油金融	金融	以太坊	38	66	1.4788亿美元
13	迪克	交易所	以太坊	46	122	1.2296亿美元
14	班科	交易所	以太坊	128	2.31K	1.1184亿美元
15	丰收金融	金融	以太坊	194	446	7365万美元

DeFi DApp被用于去中心化的金融，提供了在区块链上执行金融功能的DApp，允许向他人借出或借用资金，在一系列资产上做多或做空，在没有中心化中介的情况下，交易代币或在类似储蓄账户中赚取利息。

DApp浏览器的所有DApp都有独特的代码，可能只在一个特定的平台上运行，并非所有DApp都能在谷歌Chrome或微软Edge等传统浏览器上运行，有些DApp仅在特定的网站上运行，有定制的代码。

一些DApp实例：CryptoKitties，基于以太坊的游戏；Blockstack，一个去中心化的应用平台；Steem，基于区块链技术，出版商以加密货币作为奖励，奖励用户分享内容来发展社区；Uniswap，一个去中心化的加密货币交易所；等等。

第 9 章 市场繁荣与热潮

9.1 发行数字货币

首次代币发行（ICO）是一种使用加密货币的融资方式。它通常是一种众筹形式。在 ICO 中，一定数量的加密货币以代币的形式出售给投资者或投机者，以换取法定货币或其他更成熟更稳定的加密货币，如比特币或以太币。

每个国家对 ICO 的法律监管是不一样的，有些国家禁止 ICO，防范代币发行融资风险，要遵守本国法律。

9.1.1 首次代币发行

ICO 是初创公司的资本来源。ICO 可以让初创公司避开那些阻止它们直接向公众寻求投资的法规，风险资本家、银行和证券交易所等中介机构可能会要求更严格的审查和一些未来利润的百分比或共同所有权。

以太坊在 2014 年通过代币销售筹集资金。ICO 和代币销售于 2017 年开始流行。以太坊是领先的 ICOs 区块链平台。代币通常基于以太坊 ERC-20 标准。

ICO 是加密货币和区块链环境中的一种融资活动。ICO 类似使用加密货币的首次公开募股（IPO），初创公司主要使用 ICO 来募集资金。ICO 将中介机构从融资过程中移除，并在公司与投资者之间建立直接联系。

ICO 是一个复杂的过程。

首先是投资标的的确定。每个 ICO 项目都是从公司筹集资金的意图开始的。

其次是代币的创建。代币是区块链中资产的表示，是可互换和可交易的，是使用指定的区块链平台创建的。创建代币的过程相对简单，因为公司不需要像创建新的加密货币那样从头开始编写代码。实际上，在以太坊平台上，允许通过对源代码进行少量修改来创建代币。

再次是促销活动。公司通常会开展促销活动以吸引潜在投资者。这些活动通常在线上进行，如论坛，以提高 ICO 活动曝光度，吸引更多的投资者参与。代币创建后，发行可能分几轮进行。

最后是公司利用 ICO 收益来推出新产品和新服务，而投机者、投资者期望代币升值而获益。

每个国家的法律法规、政策不同，ICO 在一些国家、地区、司法管辖区被完全禁止。

2017 年 7 月，SEC 表示，可能有权对 ICO 适用联邦证券法。SEC 没有说明所有区块链代币 ICO 都一定会被视为证券，但这种确定将在个案基础上进行。2019 年 4 月，SEC 的 FinHub 办公室发布了一份指导意见，其中有 30 多个因素可以用来确定数字资产是一种证券。

2017 年 9 月，中国人民银行、中央网信办等七部委联合发布《关于防范代币发行融资风险的公告》。

9.1.2　ERC-20 代币标准

ERC-20 引入了同质代币的标准，具有使每个 Token 与另一个 Token 完全相同的属性，包括类型和值等。例如，一个 ERC-20 代币的行为就像 ETH，这意味着一个代币永远等于同一个代币下的另一个代币。

ERC-20 于 2015 年 11 月提出，是一种代币标准，用于在智能合约中实现代币 API。它提供了一些功能，比如将代币从一个账户转移到另一个账户，以获取账户的当前代币余额以及网络上可用代币的总供应量。除此之外，它还具有一些其他功能，比如批准第三方账户可以使用账户中一定数量的代币。

如果智能合约实现了一些特定的方法和事件，那么它可以被称为 ERC-20 代币合约，一旦部署，它将负责跟踪以太坊上创建的代币。

9.2 市场繁荣与泡沫

比特币于 2009 年 1 月首次推出，目前已经历时 10 多年，价格从接近 0 开始，到 2021 年 11 月 11 日，上涨至 64978.89 美元。价格跌宕起伏，节节飙升，演绎出了资本市场的多空本色，繁荣与泡沫展露无遗。

当比特币于 2009 年首次推出时，它的价格接近 0。一年后，当使用者开始用比特币进行交易时，1 个 BTC 值 1 美分。2011 年，首次达到 1 美元的水平。比特币在 2013 年 11 月突破 1000 美元大关，开始引起全世界的关注。第二次价格飙升在 2017 年，一度接近 2 万美元大关。然后在 2021 年 11 月 11 日创出新高 64978.89 美元。

比特币价格的演变如表 9-1 所示。

表 9-1 比特币价格的演变

时期	比特币价格/美元	说明
2009 年 1 月至 2010 年 3 月	0	没有交易所或交易市场，用户主要是密码学爱好者，他们出于爱好目的发送比特币，价格几乎为 0
2010 年 5 月	< 0.01	2010 年 5 月 22 日，L. Hanyecz 在美国佛罗里达以 10000 个 BTC 购买了 2 个比萨饼，进行了一笔真实交易
2011 年 2 月至 2011 年 4 月	≈ 1.00	比特币价格与 1 美元相当
2013 年 11 月	350～1242	
2014 年 4 月	340～530	
2017 年 3 月	1290	
2017 年 5 月 20 日	2000	
2017 年 9 月 1 日	5013.91	比特币价格首次突破 5000 美元
2017 年 11 月	8100	

（续表）

时期	比特币价格/美元	说明
2017年12月15日	17900	
2017年12月17日	19783.06	比特币价格达到19783.06美元的阶段性新高
2017年12月22日	13800	比特币价格在24小时内跌了1/3
2018年2月5日	6200	比特币价格在16天内下跌了50%
2018年10月31日	6300	在中本聪的比特币白皮书发表10周年之际，比特币价格约为6300美元
2018年12月7日	3300	比特币价格短暂跌破3300美元，创15个月低点
2020年3月16日	5000	
2020年7月27日	10944	
2020年11月30日	19850.11	比特币价格创新高
2021年1月8日	41973	比特币交易价格创出阶段性新高
2021年1月11日	33400	
2021年2月8日	44200	
2021年2月16日	50000	
2021年4月14日	64662.73	比特币价格创出新高
2021年7月6日	34143	截至2021年7月6日的比特币价格
2021年11月11日	64978.89	比特币价格创出新高
2023年6月5日	26831.08	

9.3 数字货币热潮

根据Cornerstone Advisors在2020年12月对3898名美国消费者的调查，15%的美国消费者拥有比特币或其他形式的加密货币。随着越来越多的人参与比特币及其他加密货币交易，这一比例会更高。在调查时，17%的消费者表示，他们计划在 2021 年投资加密货币。60%的加密货币持有者会利用银行投资加密货币。在已经持有加密货币的消费者中，60%的人表示，如果银行为他们提供投资加密货币的机会，他们会使用银行。68%的加密货币持有者表示对基于比特币的借记卡或信用卡激励感兴趣。消费者的参与热情，无疑会推升数字货币的热潮。

2021 年 6 月，美国加密货币技术和金融服务公司 NYDIG 与数字银行平台 Q2 合作，为 Q2 平台上超过 1830 万注册用户提供购买、出售和持有比特币的服务。Q2 灵活、现代和开放的数字银行平台，为美国近 100 家银行中的近 30%提供支持，并使 1/10 的数字银行客户通过云计算进行交易。

美国加密货币服务公司与数字银行平台的合作会方便消费者的参与，也会进一步推升数字货币热潮。但市场的机会与挑战并存，风险也大。

9.4 数字货币市场与安全性

网络安全公司 CipherTrace 发布的报告称，2018 年，数字货币领域由于黑客攻击、被盗、欺诈等造成的损失达 17 亿美元。CipherTrace 的 2020 年加密货币报告显示，2020 年，主要的加密货币被盗、黑客攻击和欺诈总额达 19 亿美元。

9.4.1 交易所被黑客攻击及加密货币被盗事件

著名的加密货币交易所被黑客攻击，导致加密货币被盗，主要有以下一些事件。

Mt. Gox，2011—2014 年，价值 3.5 亿美元的比特币被盗。

Bitstamp，2015 年，价值 500 万美元的加密货币被盗。

Bitfinex，2016 年，黑客通过利用交易所的钱包，7200 万美元被盗。

NiceHash，2017 年，价值超过 6000 万美元的加密货币被盗。

Coincheck，2018 年，价值 4 亿美元的 NEM 代币被盗。

Zaif，2018 年 9 月，价值 6000 万美元的比特币、比特币现金和 Monacoin 被盗。

Binance，2019 年，价值 4000 万美元的加密货币被盗。

9.4.2 钱包被盗

Parity 钱包，2017 年 7 月，由于多签名代码的漏洞，153037 个 ETH 被盗，当时约合 3200 万美元。

Parity 钱包，2017 年 11 月，由于多签名代码的漏洞，513774 个 ETH 被冻结，当时约合 1.5 亿美元。

9.4.3 比特币被盗

截至 2017 年 12 月，大约 98 万个比特币从加密货币交易所被盗。

一种类型的盗窃是，第三方访问被盗者比特币地址的私钥，或在线钱包的私钥。如果私钥被盗，则所有对应地址的比特币都可以被转移。

用户用来将比特币兑换成现金或存储在钱包的网站，也是盗窃者盗窃的目标。

9.4.4 以太坊事件

2016 年，一个名为 The DAO 的去中心化自治组织，一套在以太坊平台上开发的智能合约，在一次众筹中创下了 1.5 亿美元的纪录。The DAO 在 2016 年 6 月被利用，5000 万美元的 DAO 代币被一个未知的黑客盗走。该事件在加密货币社区引发了一次辩论，讨论以太坊是否应该硬分叉，以重获受影响的资金。随后，该货币被分叉到以太坊 Ethereum 和以太坊经典 Ethereum Classic。以太坊使用新的区块链，而以太坊经典则沿用原来的链。

9.4.5 恶意程序

一些恶意软件可以窃取比特币钱包的私钥，从而使比特币被盗。最常见的是，在计算机中搜索加密货币钱包并将其上传到远程服务器，在远程服务器中加密货币钱包可以被破解并被盗。有些病毒软件记录用户击键以记录密码，避免了破解密钥的困难。有些恶意软件检测到比特币地址并将其复制到剪贴板，用不同的地址替换，欺骗用户将比特币发送到错误的地址。

有些勒索软件要求用比特币支付，有些软件看起来像电子邮件的附件传播，加密受感染的计算机硬盘，然后显示一个倒计时，要求用比特币支付赎金以解密。有些勒索软件选择使用比特币以外的加密货币，比如一些具有高度私密性、难以追踪的货币。

未经授权的挖矿，恶意软件利用显卡中内置的 GPU 并行处理能力，数以万计的 PC 被装上恶意软件，用以挖掘比特币等。

第 10 章　比特币

比特币是一种去中心化的数字货币，没有中心化银行或单一的管理员，可以在点对点比特币网络上从用户发送到用户，无须中介。交易由网络节点通过密码学验证，并记录在被称为区块链的公共分布式账本中。该加密货币是在 2008 年发明的，使用人的名字是中本聪。该货币在 2009 年开始使用，当时它作为开源软件发布。

比特币是作为一种被称为采矿过程的奖励而产生的。它们可以兑换成其他货币、产品和服务。用户选择参与数字货币交易的原因很多，如去中心化、方便，将数字货币作为投资和交易标的。比特币使用的增加引起了更多的监管，以便征税，并促进合法使用。

比特币因在争议领域使用、挖矿消耗大量电力、价格大幅波动、交易所被盗事件频发而受到非议。一些经济学家和评论家在不同时期将比特币描述为投机性泡沫。在部分国家，比特币也被当作一种投资，同时，一些监管机构也发布了关于比特币的风险提示。

比特币这个词在 2008 年 10 月 31 日一个自称中本聪的人发表的比特币白皮书——《比特币：一种点对点的电子现金系统》——中被定义。

10.1　比特币的创建

2008 年 10 月 31 日，中本聪撰写的题为《比特币：一种点对点的电子现金系统》的论文被发布到密码学邮件列表，并将比特币软件作为开源代码实施，并且于 2009 年 1 月发布。中本聪的真实身份至今仍未被确认。

2009 年 1 月 3 日，当中本聪开采了比特币链的起始区块，即所谓的创世区块时，比特币网络就诞生了。在这个区块的 Coinbase 中嵌入了 "The Times 03/Jan/2009 Chancellor on brink of second bailout for banks"（《泰晤士报》

2009 年 1 月 3 日，财政大臣处于第二轮救助银行的边缘）的说明。该说明引用了英国《泰晤士报》上一篇文章的标题，从侧面印证了起始区块的创建时间点，同时是区块链对历史事件存证功能的一个注脚。

区块链分析师估计，中本聪在 2010 年将网络 alert 密钥和代码库的控制权交给 Gavin Andresen 时，已经挖出了大约 100 万个比特币。Gavin Andresen 后来成为比特币首席开发者。

10.2　比特币的机制

10.2.1　比特币记账单位

比特币系统的记账单位是 1 个比特币，用来代表比特币的符号是 BTC。用作替代单位，表示少量比特币的符号有毫比特（mBTC）和 Satoshi（SAT）。1 个 Satoshi 是比特币中最小的数额，代表 1/100000000 个比特币。一个 mBTC 等于 1/1000 个比特币。

10.2.2　区块链

区块链是一个记录比特币交易的公共账本。每个区块链包含前一个区块的哈希值，直到区块链的创世区块。由运行比特币软件的通信节点组成的网络维护着区块链，付款人向收款人发送比特币的交易，使用现有的软件应用程序广播到这个网络。

网络节点可以验证交易，将交易添加到它们的账本副本中，然后将这些账本的添加内容广播给其他节点。为了实现独立验证，每个网络节点都存储自己的区块链副本。在不同的时间间隔，平均每 10 分钟，一组新的被接受的交易（称为区块）被创建并添加到区块链，然后迅速发布到所有节点，不需要中心监督。这使得比特币软件可以确定某个比特币是什么时候花掉的，以防止重复花费。

单个区块和区块内的交易，可以用区块链浏览器来查询、浏览。

10.2.3　比特币供应

找到并生成新区块的成功矿工，比特币网络允许用新创建的比特币和交易费用来奖励该矿工。2021年7月，每增加一个区块到区块链，奖励为6.25个比特币加上该区块处理的所有交易的交易费。奖励给矿工的比特币数量，每4年减少一半，以抑制通货膨胀。下次减半将发生在2024年，每成功新打包生成一个区块，奖励将减少到3.125个比特币。为了获得奖励，一个被称为Coinbase的特殊交易被包含在所处理的付款中。所有存在的比特币都是在这种Coinbase交易中产生的。比特币协议规定，新增一个区块的奖励将每21万个区块减半，大约每4年一次。最终，奖励将减少到0，并在2140年前后达到2100万个比特币的上限。届时，交易记录的保持将完全由交易费来奖励。

在比特币诞生之初，就设定了一个基于稀缺性的货币政策，即比特币的总数永远不超过2100万个。新的比特币大约每10分钟就会产生一次，并且新增比特币的量，每4年会减少一半，直到所有比特币都在流通。

10.2.4　比特币钱包

加密货币钱包是一种设备、物理介质、程序或服务，用于存储加密货币交易的公钥、私钥。除了存储密钥这一基本功能外，加密货币钱包通常还提供加密、签署信息的功能。例如，通过签名可以执行智能合约、交易加密货币、识别或签署文件。比特币钱包是私钥的集合，但也可以指用于管理这些密钥并在比特币网络进行交易的客户端软件。

一个加密货币钱包的工作原理是，生成随机数，根据加密货币技术要求，生成和使用满足要求的数据长度，应用加密算法的特定需求将该数据转换为私钥，然后使用所需的加密算法使私钥生成公钥。私钥由所有者用来访问和发送加密货币，对所有者来说是私有的，而公钥则可以分享给任何第三方，以使拥有者接收加密货币。

用于接收比特币的地址，由公钥经多次哈希变换得到，包括RIPEMD-160、SHA-256、Base256-to-Base58等算法变换。

加密货币钱包可以在多种模式下运行。

（1）全量客户端，直接下载区块链的完整副本。它们使用区块链网络，较为安全和可靠，因为不需要信任外部各方。完整客户端检查所挖掘区块的有效性，防止破坏或改变规则的链上交易。由于规模大且复杂，下载和验证整个区块链并不适合所有计算设备。

（2）轻量级客户端，通过咨询访问完整节点来发送和接收交易，而不需要整个区块链的本地副本。这使得轻量级客户端的速度更快，并允许它们在低功率、低带宽的设备上使用，如智能手机。然而，当使用轻量级钱包时，用户需信任完整节点，因有可能将有问题的值反馈给用户。

被称为在线钱包的第三方互联网服务提供类似的功能。在这种情况下，访问资金的凭证存储在在线钱包提供商处，而不是在用户的硬件上。恶意提供商或服务器安全漏洞可能导致用户的比特币被盗。2011年，Mt. Gox 就发生了这种安全漏洞的事件。

物理钱包存储离线花费比特币所需的凭证，可以是简单的纸质打印私钥的纸质钱包，或更高级的硬件钱包。纸质钱包是在没有互联网连接的电脑上生成的密钥对，私钥被写入或打印在纸上，然后从电脑上擦除。纸质钱包可以存储在一个安全的物理位置，以便日后检索。使用纸质钱包存储比特币被称为冷存储。

美国 Gemini 信托公司发布的报告称，他们把纸质钱包切成碎片，存储在分布于美国各地的"保险箱"的信封里。通过这个操作，偷一个信封既不会让小偷拿到任何比特币，也不会剥夺合法所有者对比特币的所有权。

被称为硬件钱包的物理钱包，在促进交易的同时，保持凭证离线脱机。硬件钱包作为一个计算机外围设备，根据用户的要求签署交易，用户必须按下钱包上的一个按钮来确认他们打算进行的交易。

10.3　比特币交易

交易由一个或多个输入和一个或多个输出组成。当用户发送比特币时，用户在输出中指定每个地址和发送到该地址的比特币数量。为了防止重复花费，每个输入必须引用区块链中以前未花费的输出。由于交易可以有多个输出，因此用户可以在一次交易中向多个接收人发送比特币。当输入的总和超过预期的支付总和时，会使用一个额外的输出，将余额返还给付款人。任何没有被计入交易输出的输入 Satoshi，都成为交易费。

比特币简化交易数字签名链如图 10-1 所示。实际上，一笔交易可以有多个输入和多个输出。本简化交易数字签名链，简化为交易只有 1 个输入和 1 个输出的情况。

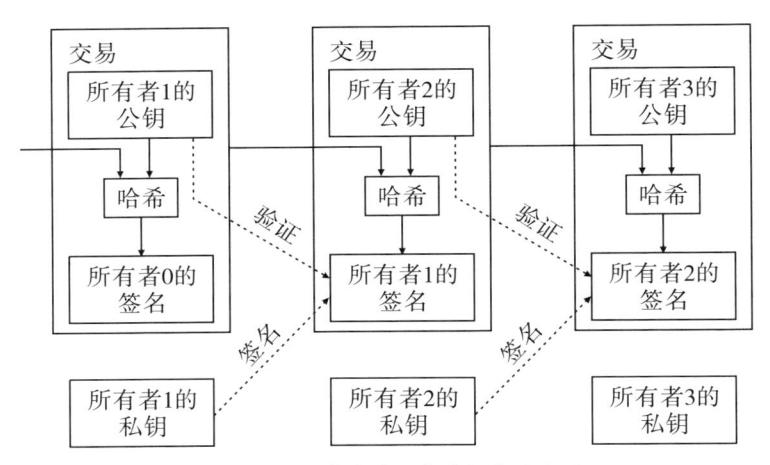

图 10-1　比特币简化交易数字签名链

比特币是一条数字签名链。每个所有者通过将上一次交易与下一个所有者的公钥一起运用散列算法变换得到哈希值，并使用数字签名，然后添加到该货币记录并将这枚货币发送给下一个所有者。

需要有一种能让接收者知道上一个货币所有者没有对任何更早交易签名的方法，即保证没有重复花费。唯一能确保一笔交易不存在的方法是知晓所有之前的交易。在不引入可信任方的前提下，要达到这个目的，所有交易就必须公开，而且需要一个能让所有参与者对交易收到顺序的单一历史达成共识的系统。接收者在进行每笔交易时，需要多数节点认同此交易是最先收到的证据，即该枚货币尚未被发送者花费过。

10.4　比特币挖矿

挖矿是指使用计算机处理复杂的数学问题来确认和记录加密货币交易的过程。矿工通过反复将新广播的交易分组为一个区块，然后广播到网络并由接收节点验证，从而保持区块链的一致性、完整性和不可更改性。每个区块都包含前一个区块的 SHA-256 加密哈希值，从而与前一个区块联系起来并形成区块链。

为了被网络的其他部分接受，一个新区块必须包含一个工作量证明（PoW）。PoW 要求矿工找到一个称为 Nonce 的数字，这样当区块内容与 Nonce 一起被哈希运算时，得到的结果小于网络的难度目标。这个证明对网络中的任何节点来说都很容易验证，但生成起来却非常耗算力、耗时间，因为矿工必须尝试许多不同的 Nonce 值。通常测试值的序列为升序自然数，如 0，1，2，3，…，Nonce 是一个 32 位值，自然数，且 $0 \leqslant Nonce \leqslant 2^{32}-1$。矿工不断测试改变 Nonce 值，以修改区块头的哈希值，以期产生一个小于目标阈值的哈希值。如果所有 32 位值都被测试，那么时间可以被更新，或改变 Coinbase 交易，更新 Merkle 根，再测试不同的 Nonce 值，直到找到满足要求的 Nonce 解。而执行这个耗费算力过程的正是矿机。

每隔 2016 个区块（生产每个区块约 10 分钟）大约 14 天，难度目标会根据网络最近的表现进行调整，目的是将新区块之间的平均时间保持在 10 分钟。通过这种方式，系统会自动调整网络上的挖矿总量。

工作量证明系统与区块链一起，使区块链的修改变得非常困难，因为攻击者必须修改所有后续区块，才能使一个区块的修改被接受。由于新区块一直被开采，随着时间的推移和后续区块数量的增加，修改区块的难度也在增加。

计算能力通常与矿池捆绑在一起，以减少矿工收入的差异。个人挖矿机往往需要等待很长的时间才能确认一个区块的交易并收到付款。在矿池中，每次某个参与的服务器解决一个区块时，所有参与的矿工都会得到报酬。这笔款项取决于单个矿工为帮助找到该区块所做的工作量。

早期的比特币矿工使用 GPU 挖矿，因为它比 CPU 更适合工作量证明算法。后来的业余爱好者用专门的 FPGA 和 ASIC 芯片来开采比特币。比特币挖矿公司专门为容纳和操作大量的高性能矿机提供设施，形成专门的比特币矿场数据中心。

一个比特币矿场数据中心如图 10-2 所示。

图 10-2　一个比特币矿场数据中心

10.5　比特币网络

比特币网络是一个点对点的支付网络，在加密协议上运行。用户通过使用比特币加密货币钱包软件向网络广播数字签名的信息来发送和接收比特币。交易被记录在一个被称为区块链的分布式、可复制的公共数据库中，并通过一个被称为工作量证明的系统来达成共识。

网络节点可以随意离开和重新加入网络。重新连接后，一个节点从其他节点下载并验证新的区块，以完成构建区块链的本地副本。

挖掘比特币，各节点在比特币网络中的交互协议过程概述如下：

（1）新的多个交易被广播给所有节点。

（2）每个节点将新的多个交易收集成一个区块。

（3）每个节点致力于为区块寻找工作量证明所需的解。

（4）当一个节点找到一个工作量证明所需的解时，它将该区块广播给所有节点。

（5）接收节点，验证区块中的所有交易，只有当所有交易都有效时才接收。

（6）节点通过移动到下一个区块上工作来表示它们的接收，并把最新的已接收区块的哈希值包括进下一个区块中。

10.6 软件实现

比特币核心（Bitcoin Core）是免费的开源软件，作为比特币节点，节点集合形成比特币网络，并提供比特币钱包，完全验证支付。它被认为是比特币的参考实现，是所有技术实现的权威参考。

比特币核心包括一个交易验证引擎，并作为一个完整的节点连接到比特币网络。此外，默认包括一个加密货币钱包，用于转移资金。该钱包允许发送和接收比特币。它允许用户生成二维码来接收付款。

该软件验证了整个区块链，其中包括所有的比特币交易。在客户端完全参与之前，必须下载或同步。

10.7 比特币的特点

比特币试图解决传统货币的问题：解决所需的所有信任。信任容易使系统不透明，也容易造成不平等和垄断，且运作成本高。信任的失败容易导致系统的崩溃。通过使用加密证明、去中心化网络和开放源码软件，比特币将这些信任成本降低，并取代了这些信任。

比特币的特点如下：

（1）无许可和无边界，全球范围内联网，软件开源。

（2）匿名，较少的身份证明。

（3）私密性，某种程度的隐私保护。

（4）快速，交易的速度几乎可和数据在互联网上的传播速度相比拟。

（5）相比传统金融费用低。

（6）不可篡改，一旦结算，就不可逆。

（7）比特币网络 1 年 365 天、1 天 24 小时都在线。

（8）总量控制，最大供应量为 2100 万个比特币。

10.8 比特币等加密货币 ATM 机

加密货币 ATM 机，是支持用户使用现金或借记卡购买或出售比特币和其他加密货币的机器。一些加密货币 ATM 机提供双向功能，既可以购买比特币等加密货币，也可以出售比特币等加密货币以换取现金。加密货币 ATM 机可以进行法定货币到比特币和比特币到现金的交易。

加密货币 ATM 机与互联网相连，外表看起来像传统 ATM 机，但加密货币 ATM 机可以直接将用户连接到比特币等加密货币钱包或交易所。

据 CoinATMRadar 统计，截至 2021 年 8 月，全球加密货币 ATM 机数量为 24839 台；全球加密货币 ATM 机分布于 74 个国家和地区，由 42 家厂商生产，621 家运营商提供；比特币兑换现金和现金兑换比特币服务商有 279323 家。可以在不使用加密货币 ATM 机的情况下买卖比特币，如使用现有的传统银行 ATM 网络、使用现有的移动支付终端网络、使用零售连锁店、通过收银台购买比特币等。

加密货币 ATM 机制造商包括 Genesis Coin、General Bytes、BitAccess、Coinsource、Bitstop 等。

Genesis Coin 的加密货币 ATM 机支持比特币、莱特币和狗狗币等加密货币交易，它包括交易账单票据验证器、专用条码扫描器、专用热敏打印机、读卡器、可选指纹读取器、高清摄像头、电子现金保险库等。Genesis Coin 的加密货币 ATM 机如图 10-3 所示。

使用加密货币 ATM 机前，用户可事先注册好比特币移动钱包，并准备好现金；在

图 10-3 Genesis Coin 的加密货币 ATM 机

ATM 机前，通过键盘输入比特币接收地址，或展示比特币接收地址二维码，ATM 机读取该地址，以备将用户购买的比特币发往该地址；将现金放入 ATM 机槽口；在移动钱包中确认交易信息，完成交易；交易被发往比特币网络，多笔交易被打包进 1 个区块中，比特币网络一般每 10 分钟生成 1 个区块，经过 6 个后续区块的确认，即一般 60 分钟后，该笔交易才能最终到账。

另外，加密货币 ATM 机上显示的买入价格和卖出价格是不同的，存在差异，买入价格比较高，卖出价格比较低。加密货币 ATM 机运营商正是从中赚取差价，获得运营收入、利润。

加密货币 ATM 机运营商包括 Bitcoin Depot、Coin Cloud、CoinFlip、RockItCoin 等。

10.9　比特币波澜壮阔的走势

自 2009 年创建以来，比特币的价格经历了 5 个重大高峰，于 2021 年 11 月 11 日创出新高 64978.89 美元。这段历程并不稳定，经常随着时局、经济、金融事件而做出反应。

比特币平均每年增长达 200%，以巨大的价值上升，吸引了全球投资者和投机者的目光。然而，比特币并不是一路高歌猛进，也有大跌的时候。尽管起伏不定，但比特币的收益大大超出了一般传统资产。

可以通过基本面分析、技术走势分析、市场情绪分析等深入剖析比特币的价格走势。基本面分析：分析项目或加密货币的内在价值数据，比如分析资产的实际价值、受欢迎程度等。技术走势分析：比如你可以用 5 天、30 天、120 天的移动平均线 MA 指标，发现短期、中期、长期的价格走势。市场情绪分析：包括看涨情绪和看跌情绪，市场热情高涨，抑或市场低迷，预测价格走势。

2009 年比特币还是一种小众资产，流动性低，交易发生在 BitcoinTalk 等论坛的参与者之间。随着比特币价格的上升，比特币受到越来越多人的关注，并逐渐用于一些交易和贸易中。后来，一些交易所受到黑客的攻击，发生了一些比特币等数字资产被盗事件。

现在，随着比特币在金融等领域的使用日趋广泛，影响价格走势的因素也在增加，同时在复杂化。首先，比特币交易受到的监管在增加，在全球范围，一些国家允许比特币交易，也有些国家禁止比特币交易，监管的宽松或收紧无疑将影响比特币价格。其次，受全球经济的影响，有些生活在出现恶性通胀国家的人利用比特币对冲通胀。股市的暴跌也使一些投资者转投比特币，将其作为一种价值储存手段，实现保值、增值。最后，一些有影响力的国际主流大公司，如特斯拉、Square、PayPal、Visa 表达了对加密货币的支持，这对比特币价格起到一种提振作用。另外，比特币的期货、期权等衍生品，做多、做空的机制，对比特币价格也形成影响。

2009—2023 年，把比特币价格与纳斯达克指数和黄金价格走势进行对比就会发现，比特币的涨幅大大超过了它们的涨幅。对于一个才拥有 14 年历史的创新资产来说，比特币的发展之路刚刚开始。

第 11 章 数字货币交易平台

11.1 多平台终端

数字货币交易所基本提供多平台终端，涵盖 iOS、Android、Windows、Mac 等多个平台，跨平台终端，多业务功能。

数字货币交易提供多平台 App，如图 11-1 所示。

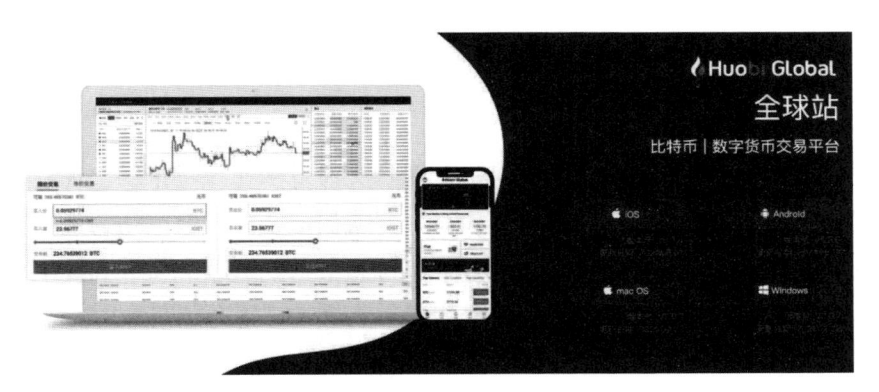

图 11-1 数字货币交易提供多平台 App

11.2 数字货币行情

数字货币行情包括主流数字货币相对法定货币或所谓稳定币的价格、交易货币对、涨幅榜、新币榜、成交额榜等模块。数字货币行情如图 11-2 所示，主流数字货币的最新价、涨幅、最高价、最低价、24 小时成交量、24 小时成交额等一目了然。

图 11-2 数字货币行情

11.3 现货市场和现货交易

现货市场分为交易所和场外市场。现货交易发生在现货市场。现货市场只能使用交易者自身拥有的资产，没有杠杆或保证金。金融市场的现货交易涉及直接购买或出售金融工具和资产，如加密货币、股票、债券和外汇。现货交易，资产的交付是即时的；场外市场，交易者直接进行交易。

现货市场是一个开放的金融市场，资产在这里立即交易。买方使用法币或其他交易媒介从卖方处购买资产，资产的交付通常是即时的。既可以在交易所进行交易，也可以在场外交易。

现货交易商可以购入资产，以期价格上涨后获利；或做空市场，卖出资产，并在价格下跌后回购更多资产。一项资产的当前价格，被称为现货价格。加密货币市场全天候运行，通常是即时交易。

交易所是市场参与者之间的中介，可分为集中式交易所和非集中式交易所两种。

集中式交易所的责任包括了解你的客户（KYC）、监管合规、定价公平、交易安全。作为回报，对加密货币交易、上市或其他活动收取费用。通常情况下，只要用户和交易量足够多，交易所在牛市和熊市就都能获利。

DEX 提供与集中式交易所类似的服务，但是通过智能合约、区块链技术来匹配购买和卖出订单。交易通过智能合约直接在交易者的钱包发生，智能合约是区块链上自动执行的代码。DEX 比集中式交易所提供更多的隐私保护和自由，但缺乏 KYC 可能是一个问题。一些 DEX 使用订单簿模式，最近的发展是使用自动做市商模式，如 Uniswap。流动性供应商提供流动性资金池，并向使用者收取交易费。

在场外交易中，金融资产经纪人、交易员和经销商之间直接交易，使用的交易方式包括电话和即时通信等。

现货市场价格是透明的，只依赖市场的供求关系。现货交易是常见的交易方式，具有操作简单、投资见效快、风险低等优势。

数字货币现货交易是币币之间的交易，包括限价、市价、止盈止损、计划委托等方式。互动参数涉及买入价、买入量、交易额等，与股票交易类似。

11.4 合约交易：期货合约、永续合约和期权合约

合约交易是指交易双方在交易所通过买卖合约，在未来的某一时间、某一地点，以特定价格买卖一定数量商品的行为。合约交易是在现货远期合约上发展起来的，包括各主流数字货币的当周、次周、当季等合约交易，价格随着合约的未来时间点不同而存在差异。

合约交易包括期货合约、永续合约、期权合约等。

比特币期货合约类似传统的期货金融衍生品工具，交易双方约定在未来的某个时间以某个价格购买或出售固定数量的比特币。比特币期货合约是一种投机工具和套期保值工具。套期保值功能在比特币矿工中受到一些关注并得到他们的应用。

比特币期货合约是使投资组合多样化的方法。使用者用这种方法进行套利，如期现套利、交易所间套利等。通过投资组合和套利，锁定风险，提升投资收益的稳定性。比特币期货合约通过对冲锁定价格和做空市场，为从市场下跌中获利提供了有效方法。

比特币期货合约的一个主要用途是为买家和卖家提供套期保值的工具。

为了锁定未来的价格，生产商需要稳定的利润，以支付未来的成本。交易者使用期货进行投机，空头在比特币熊市中仍可获利。

比特币矿工可以在期货合约中持有空头头寸，以保护他们所持有的BTC。如果比特币在期货市场的价格（标价）高于合约的远期价格，矿工将不得不向另一方支付差价；如果标价低于合约的远期价格，持有多头头寸的另一方将向矿工支付差价。

在期货合约到期的那一天，矿工在现货市场上出售他们所持有的BTC。这次出售将给他们提供市场价格，该价格接近期货市场的标价。现货市场的交易将有效抵销在期货市场上的利润或损失，这为矿工提供了套期保值价格。

而使用杠杆和保证金交易，能交易更大的头寸，若市场走势有利于所持头寸，则会带来更大的利润；反之，如果市场走势不利于所持头寸，损失也会被放大。

另外，交易所间套利，是指当在不同的加密货币交易所有不同价格的类似期货合约时，通过在价格较低的交易所购买一个合约、在价格较高的交易所卖出另一个合约而从差价中获利。

永续合约是一种数字资产衍生品，价格接近标的参考指数价格。与常见的期货交割合约相比，永续合约没有交割日。

期权合约也是一种数字资产衍生品，期权买方有权利在到期时以合约价格买入或卖出资产，而期权卖方有义务成为买方行权时的对手方。期权买方所购买的是一种权利：若到期时行使该权利对买方有利，买方可以行权并获取行权收入，卖方须履行被行权的义务；若到期时行使该权利对买方不利，买方可以放弃行权，卖方则无须履行被行权的义务。可以通过交易期权对冲现有持仓风险，或通过判断涨跌获取期权权利金价格波动的收益。

比特币等数字货币合约交易涉及高金融风险，要充分了解合约交易的运行机制，注意不要盲目参与。

11.5 交易费用：对矿工验证、确认交易的激励

交易费用用来奖励帮助验证、确认交易和保护网络免遭滥用攻击的矿

工。交易费用可高可低，取决于网络活动，高费用会阻碍区块链的广泛采用，但非常低的费用容易导致滥用和网络攻击。比特币矿工收到的交易费用，是对验证、确认交易并将它打包进新区块的一种激励。未确认的交易池，称为内存池。矿工会优先考虑费用较高的交易。交易费用是用户发送 BTC 时同意支付的。比如，你向他人发送 1.24 BTC，而这个交易的大小为 520 字节，平均交易费用约为 9.23 Satoshis/Byte，则这种大小规模的一笔交易，平均交易费用为 4800 Satoshis，或 0.000048 BTC，折合 2.29 美元，费用占所转账的价值金额比为 0.387/10000。

据 YCharts 的数据，比特币平均每笔交易费用为 2.294 美元。比特币平均每笔交易费用趋势如图 11-3 所示。比特币的费用并不取决于所发送的金额，而取决于交易规模，以字节为单位，一个区块内包含的交易数量受到区块大小的限制。加密货币网络的可扩展性是决定网络费用的一个关键因素，网络扩展后，网络容量增加，单位字节的费用将下降。闪电网络等比特币网络技术的发展更新，有助于扩展网络，降低费用。

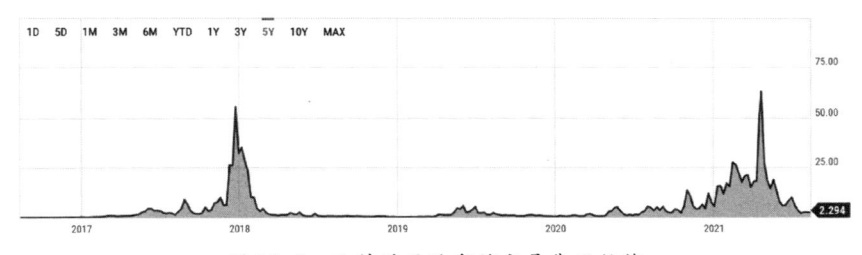

图 11-3　比特币平均每笔交易费用趋势

以太坊等的交易费用与比特币相比，工作方式有差异，该费用考虑了处理一笔交易所需的计算能力，称为 Gas；Gas 有可变的价格，以 ETH 衡量，而更小的单位是 Gwei 和 wei，1 ETH = 10^9 Gwei，1 Gwei = 10^9 wei。

比如，从 etherscan.io 上查询到的一笔随机交易的实例：一笔交易价值 1.94831172 Ether，折合 6453.08 美元，交易消耗的 Gas 为 21000 单位，Gas 价格为 45.1 Gwei，交易费用为 0.0009471 Ether，折合 3.14 美元。

随着以太坊走向权益证明模式，网络验证打包交易所需的计算能力将减弱，确认交易所需的 Gas 将减少，每笔交易的 Gas 费用将减少，但网络流量仍然会影响交易费用，因为验证者将优先考虑高价交易。

交易费用是区块链网络加密经济的组成部分，是给予用户激励的一部分，可使网络保持运行。费用提供了一层保护，防止恶意行为和滥用攻击。区块链对区块大小容量的限制，间接限制了单位时间所能处理的交易数量，单笔交易的费用再次提高。而闪电网络、Polygon 网络等区块链网络技术升级，有望提升加密货币网络的可扩展性和交易吞吐量，并降低单笔交易所需的费用。

第 12 章　数字货币服务平台

12.1　数字货币交易

数字货币交易提供交易对、价格、涨跌、成交数量、成交额、行情 K 线图等内容，支持数字货币的限价、市价、止盈止损、买入与卖出，提供当前委托、历史委托、历史成交、资产管理等信息查询与管理。数字货币交易如图 12-1 所示。

图 12-1　数字货币交易

12.2　机构服务

机构服务指对专业交易者、交易公司、对冲基金、资产管理者、做市商、经纪人、投资银行、金融科技公司等提供专业服务。

机构服务提供多种合约和期权产品给衍生商品交易者，涉及永续合约、交割合约、USDT 产品及期权等。

机构服务提供杠杆交易、API 连接、子账户、做市商计划、质押和理财产品等功能。

12.3 数字货币衍生品

数字货币服务平台提供 U 本位合约、币本位合约、杠杆代币、数字货币期权等数字货币衍生品。

U 本位合约包括永续合约和季度交割合约，并以 USDT 结算。币本位合约包括永续合约和季度交割合约，并以数字货币结算。杠杆代币支持杠杆交易。数字货币期权支持期权交易。

12.4 金融产品和业务

数字货币交易平台分为中心化交易平台和去中心化交易平台。投资者、投机者在交易平台将法币兑换成数字货币，然后将数字货币存储在个人数字钱包或交易平台中，而后在现货交易平台提交订单，交易数字货币。在数字货币交易中，提交的订单首先进入订单簿，这一订单簿是尚未成交订单的合集，是电子交易系统的核心概念。订单簿经由订单撮合系统撮合成交。

在金融市场中，金融工具是进行交易的产品，包括股票、债券、外汇、期货、保证金、数字货币等。数字货币的基本面分析涉及网络哈希率、地址数、流通总市值等，基本面对数字货币的影响较小。而传统金融技术分析涉及涨跌趋势、交易量、K 线图、均线等，常被投资者和投机者使用。数字货币市场还可能受到国际环境影响，如是和平稳定还是地域争端，这些都会影响数字货币市场走势。此外，黄金价格走势、美元疲软还是稳健、市场情绪等，都会从侧面形成正、负相关性影响。

数字货币作为一种全新的数字资产，是权益工具还是债务工具，是现金工具还是衍生工具，目前尚无明确界定。期货合约是投资者进行期货交易的标的物，而数字货币合约就是以数字货币为基础资产的标的物。期权合约赋予投机者、投资者在未来以某价格购买或卖出某基础资产如数字货币的权利。数字货币期权分为看涨期权和看跌期权。

理财分为稳定收益型和高收益型。稳定收益型让持有的数字货币生利；质押借币，借贷资产可用于交易现货、杠杆、期货或理财；双币投资，锁定两种高波动性资产的收益，对冲数字货币资产。高收益型的投资收益水平较高，但风险也相对较高。

多元化投资组合是一种分散投资风险的方式，意思是不把投资资金放在某一个特定的投资标的上，而是投于一个数字货币组合（由多种数字货币组成）。甄选投资标的并长期持有，也是一种投资策略，是一种时间跨度长的被动价值投资策略。

分散投资是有争议的，有优点亦有缺点。但人们普遍认为，通过适当的分散投资，可以降低单个投资标的巨幅波动带来的风险。通过持有不同的加密资产，平衡资产配置降低风险。金融资产配置，可投资不同资产类别，如加密货币、股票、贵金属、债券等。加密货币投资组合，可分配多种类型的加密资产，如比特币、以太币、稳定币、NFTs 和其他加密货币等组合，按一定百分比配置资产，形成多样化组合。

数字货币市场 24 小时全天候交易，不受传统证券开盘时间、停盘时间的限制。

数字货币市场波澜起伏，波动较大，极具风险。另外，全球每个国家和地区对数字货币的监管不一，有些国家和地区禁止数字货币或者加密货币交易，所以要以当地法律为准，不要盲目参与。

12.5　数字货币钱包

数字货币钱包有多种类型，如托管钱包、非托管钱包、热钱包和冷钱包等。

托管钱包：钱包服务提供商持有用户的私钥。用户在交易所的钱包里的数字资产就是这种情况。如果私钥没有掌握在你的手中，你就不能完全控制你的资产。所以，为了安全起见，不要把你的资产交给任何托管钱包或交易所。

非托管钱包：用户拥有自己的私钥，并保管好自己的私钥和种子短语。这是大多数投资者和交易者安全的选择。

热钱包：加密货币钱包与互联网相连，通常是非托管的。用户的私钥、公钥在线保存，通常设置密码保护。但热钱包像任何被密码保护的服务一样，容易受到黑客攻击和被钓鱼。为了减少风险，应该使用双因素认证。

冷钱包：用户在专门的硬件上离线存储私钥。这是一种相对较安全的方式，但交易不方便。

用户可以使用以上类型的组合，结合它们的优势应用数字货币钱包。

第 13 章　数字货币流通

当前货币流通体系缺乏必要的对货币流通跟踪的安全系统，导致货币盗窃、抢劫、假钞、洗钱、欺诈等不法活动频发。

目前的货币流通体系存在以下缺陷：缺乏统一的对货币流通环节的跟踪；缺乏可行的数字货币方法体系；缺乏对货币盗窃、抢劫、假钞、洗钱、欺诈等不法活动的甄别能力；难以适应互联网新时代发展对数字货币的需求；纸币难以适应社会信息化、数字化发展需求；纸币向数字货币的发展，缺乏实用可行的方法体系。

数字货币流通与监管体系应运而生。

13.1　数字货币流通概述

基于区块链技术构建金融货币流通监控追踪溯源体系，为解决假钞、洗钱问题提供了技术支持，通过创新的跟踪和预防机制来避免或减少与货币有关的欺诈活动。

基于区块链技术的金融货币流通监控追踪溯源体系可以促进货币的识别、记录、数字化，记录货币所有权，统计账户流通量，打击洗钱等不法活动，还可以通过记录货币的流通环节，为打击盗窃、抢劫货币等提供司法证据，维护正义，并可促进数字货币的推广与应用，提升社会经济运行效率。

13.2　数字货币流通与监管体系

数字货币流通与监管体系区别于目前的钞票流通体系，能显著提升货币流通效率，从而提升社会经济效益。加大货币监管力度，实时监控数字货币流通环节，实时预警与实时决策，可保障金融安全。

数字货币流通与监管体系提供了一种基础设施，该设施建立了一个记录当前流通货币所有权的系统。另外还提供一种物理设备，该设备能接受现金存款，将物理货币转换为与之关联的数字货币，并建立适当的跟踪机制。该设备还能标记已经被损坏、注销、销毁的物理货币。数字货币流通与监管体系能有效地识别假钞。与用户银行电子账户关联的等值数字货币可以用于电子支付，且数额、状态与银行账户实时保持一致。已经与纸币现金关联的数字货币不能用于支付，主要用于纸币流通跟踪监管。数字货币流通与监管体系包括的主要步骤如下：

（1）对纸币现金的唯一标识符（如编号、冠字号码）进行采集、扫描、录入，采集、录入货币冠字号码、持有人身份证号或法人信用代码等信息。

（2）系统将纸币现金转换为等值数字货币，并通过唯一标识符（如编号、冠字号码）建立关联。

（3）数字钱包与用户银行账户关联，系统将用户电子账户中的货币转换为等值数字货币。

（4）纸币现金在存款、取款、支付等流通环节被系统设备记录，并上链到区块链网络。

（5）授权实体，如政府机关、司法机关、金融机构、公共机构、商业机构、用户等可以访问数字货币区块链网络系统。

监管机构利用数字货币区块链网络系统对流通的现金与数字货币实行实时监控管理，抉择货币政策与供给。

银行等金融机构提供机器，机器将现金的唯一标识符（如序列号、编号、冠字号码等）传输到系统。采集、录入货币冠字号码、持有人身份证号或法人信用代码等信息。能以多种方式将货币输入系统，如通过设备输入、人工录入等；系统采用扫描组件或图像捕获组件如光学字符识别（OCR）、扫码、无线射频识别（RFID）、相机等来获取与物理货币有关的数据；系统数字化组件可以分析数据以确保真实性，获取货币序列号或其他唯一标识符、面额等数据；系统对物理货币如纸币等进行数字化和有效的管理，货币可以是任何面值，其中大面值货币是系统处理的重点对象；当物理货币被标了特定标记如"无效"，或被实施了切碎、盖章、压印等时，系统可以做出相应的数字标记，之后该无效货币不再合法流通。

系统可以将纸币现金转换为等值的基于区块链的数字货币；系统可以生成与原始纸币相对应的唯一数字货币对象，真实货币通过唯一标识符如序列号等，与数字货币相关联；已经与纸币现金关联的数字货币不能用于支付，主要用于纸币流通跟踪监管；与现金关联的数字货币总量 $\Sigma Dcash$ 等于流通中的现金 M0，即 $\Sigma Dcash = M0$。

系统提供数字钱包，数字钱包与用户银行账户相关联，系统将用户电子账户中的货币转换为等值数字货币；数字钱包可以用于数字货币的电子收支、存储交易记录；与用户电子账户关联的等值数字货币可以用于电子交易、支付，且数额、状态实时保持一致；数字货币或电子账户交易时，账户锁定，防止同时进行操作；数字货币的总量 ΣD 等于广义货币供应量 M2，即 $\Sigma D = M2$。系统可提供数字货币方案选择，加密数字货币可独立于用户银行电子账户，即与银行电子账户分离，用户将银行电子账户中的部分货币转入加密数字货币体系，在此种情况下，用户电子账户金额将扣减已进行加密数字货币化的数量，加密数字货币独立支付。

ATM 机、POS 机、商户、企业等可以配备系统兼容的设备，以实现货币的转换和后续跟踪。ATM 机、POS 机或类似设备可以连接到系统，以进行数字化以及标记被损坏的纸币现金。各节点能记录和跟踪与纸币现金和数字货币有关的信息。系统能存储客户账户信息以及他们所拥有货币的序列号，能记录和跟踪货币所有权的变化。当在银行或 ATM 机上将纸币发行给客户时，则在纸币序列号和客户之间进行关联记录。该记录上链到基于分布式账本的区块链系统中，有助于识别该纸币的当前所有者，并有助于验证该纸币是不是有效货币。当客户将现金存入银行时，相应地，与现金关联的数字货币被分配、关联给银行；当纸币发行给另一位客户时，系统将该数字货币关联给新客户并进行记录。

系统的分布式账本是按时间顺序记录货币流通活动的。在区块链分布式账本中，通过跟踪货币，可以完整地记录货币的流通过程。该信息将同步共识到多节点的区块链网络中。系统的分布式账本跟踪货币的所有权变化和真实性，一旦货币被存放、提取、转移等，系统的分布式账本就会动态增加记录，从而保持实时的记录。为了有效监管货币，系统记载货币的流通过程，记录和跟踪货币所有权及其转移过程。随着时间的流逝，系统将能够对所有或几乎所有记录的货币进行统计、核算、监控。

授权实体，如政府机关、司法机关、金融机构、公共机构、商业机构、用户等可以通过网络访问系统。系统中的网络包括但不限于互联网、移动网络、5G、4G、广域网 WAN、局域网 LAN 等。各类型实体单位需要有授权和法律许可的权限，才能从系统中获取信息，根据各自需求订阅、查询系统服务。用户通过访问系统，可以验证纸币的真实性。公安、司法机关可以利用系统协助案件调查，如货币盗窃、抢劫、洗钱、欺诈调查。

金融业监管机构能利用系统信息进行货币监管，决策货币供给，控制货币总量；货币的序列号可以用作跟踪货币流转的手段，在查询、验证时，可以识别货币的流转过程。分布式账本对纸币和数字货币的跟踪和关联可以帮助金融业监管机构识别货币分布和流通路径，引导资金流向。

13.3 关键点

数字货币流通与监管体系从数字货币的发行、流通、使用、支付、监管等环节，提升了货币流通及监管效率。主要表现在以下几个方面。

（1）系统提供了一种基础设施，该设施建立了一个记录当前流通货币所有权的系统。可以提供一种物理设备，该设备能接受现金存款，将物理货币转换为与之关联的数字货币，并建立适当的跟踪机制。

（2）系统可以将纸币现金转换为等值的数字货币，与纸币现金关联的数字货币不能用于支付，主要用于系统记录和跟踪货币所有权及其转移，采集、录入货币冠字号码、持有人身份证号或法人信用代码等信息。

（3）数字钱包与用户银行账户关联，系统将用户电子账户中的货币转换为等值数字货币。数字钱包可以用于电子收支、存储交易记录。与用户电子账户关联的等值数字货币可以用于电子支付、交易，且数额、状态实时保持一致。系统提供数字钱包，支持数字货币支付。数字货币或电子账户交易时，账户锁定，防止同时进行操作。

（4）系统可提供数字货币方案选择，加密数字货币可独立于用户银行电子账户，即与银行电子账户分离，用户将银行电子账户中的部分货币转入加密数字货币体系，在此种情况下，用户电子账户金额将扣减已进行加密数字货币化的数量，加密数字货币独立支付。

（5）在区块链分布式账本中，可以完整地记录货币的流通过程。该信息将同步共识到多节点的区块链网络中。

（6）密码机是运用加密算法对信息实施加解密的设备，在数字货币、数字钱包的使用交换过程中用到密码算法生成公钥和私钥、身份认证、信息加解密，所以系统可配置密码机。另外，可以用软件方式实现密码机的功能，即在现有银行硬件设施上安装加密软件、数字货币钱包软件，同样可以实现密码机功能。这主要在于银行数字货币实施部署的技术方案选择。

（7）POS 机软件升级，成本主要在于系统研发，而不在于升级操作。银行为了加大数字货币 POS 机的推广力度，可以选择免费升级。

（8）授权实体，如政府机关、司法机关、金融机构、公共机构、商业机构、用户等可以访问数字货币区块链网络系统。

（9）监管机构利用数字货币区块链网络系统对流通的现金与数字货币实行实时监控管理，抉择货币政策与供给。

13.4 作用与效果

数字货币流通与监管体系将推动传统纸币数字化，推动数字货币的应用，提升金融系统的效率与核心竞争力。

各类型授权实体，如政府机关、司法机关、金融机构、公共机构、商业机构、用户等可以访问数字货币区块链网络系统；监管机构利用数字货币区块链网络系统对流通的现金与数字货币实行实时监控管理，抉择货币政策与供给。

系统将纸币现金转换为等值数字货币，并通过唯一标识符（如编号、冠字号码）建立关联。纸币现金在存款、取款、支付等流通环节被系统设备记录，并上链到区块链网络。数字钱包与用户银行账户关联，系统将用户电子账户中的货币转换为等值数字货币。数字货币或电子账户交易时，账户锁定，防止同时进行操作。

系统可提供数字货币方案选择，加密数字货币可独立于用户银行电子账户，即与银行电子账户分离，用户将银行电子账户中的部分货币转入加密数字货币体系，在此种情况下，用户电子账户金额将扣减已进行加密数字货币化的数量，加密数字货币独立支付。

各类型用户需要有授权和法律许可的权限，才能从系统中获取信息。各节点能记录和跟踪与纸币现金和数字货币有关的信息，ATM机、POS机或类似设备可以连接到系统，以进行数字化以及标记被损坏的纸币现金。分布式账本对纸币现金和数字货币的跟踪和关联，可以帮助各机构识别与货币资源有关的非法行为。用户通过访问系统可以验证纸币的真实性。

数字货币流通与监管体系对数字货币的发行、流通、使用、监管、推广等具有举足轻重的作用，能提升货币流通、货币监管的安全性，提升整个社会的经济运行效率[①]。

---

① 朱兴雄，高昊江. 基于区块链的货币流通监管方法、系统、设备及介质：202011502910.1［P］. 2021-03-19.

第四篇

数字货币技术

第 14 章 共识机制

14.1 工作量证明：寻找随机数，以使区块哈希值小于目标值

工作量证明（PoW），是一种去中心化的共识机制，可以解决一个算法难题，找到一个满足特定要求的数据，但该数据是否有效，容易被他人验证。PoW 解的产生是一个概率很低的随机过程，因此在产生一个有效的工作量证明之前，需要大量的试验。该过程成本高、耗时长；比特币使用 Hashcash 系统。

Hashcash 工作量证明在比特币中被用于区块生成，为了使一个区块被网络参与者接受，矿工必须完成一个涵盖区块中所有数据的工作量证明。这项工作的难度被调整，以便将网络产生新区块的速度限制在约每 10 分钟一个区块。由于成功生成的概率非常低，因此网络中的哪个矿工能够生成下一个区块是不可预测的。

一个区块要想有效，它的哈希值必须小于当前的目标值。每个区块都包含前一个区块的哈希值，改变一个区块，需要重新生成所有的后续区块，并重做其所包含的工作量证明，这可以保护区块链不被篡改。

最广泛使用的工作量证明方案是基于 SHA-256，其作为比特币的一部分被引入；其他一些用于工作量证明的散列算法包括 Scrypt、Blake-256、SHA-3、Scrypt-n 等及其组合。例如，2021 年 8 月 24 日 16：43（GMT+8）开采的区块#697346 的哈希值为 000000000000000000a160cfe6ed1e3fdcf 8e34ac02985c1bf591fef43b1748；成功哈希的 Nonce 值（可以调整的随机值，通过调整该值大小，使区块的哈希值小于目标值，以满足工作量证明的要求）

为 2455553292，区块奖励为 6.25 BTC，费用奖励为 0.12494896 BTC，该区块包含 2943 笔交易，交易额达 112074.07771756 BTC；梅克尔根（Merkle Root，梅克尔树的根节点）为 2b9ca826c8914ab846a1b03b101d785e48b7bcb8c3091a222bdc93780be38546，梅克尔树是区块中所有交易的哈希二叉树，其中包括生成交易，即从 Coinbase（新生成的 BTC）发到矿工的奖励（区块奖励和费用奖励之和），这除了激励矿工工作之外，还确保每个矿工都有一个独特的数据集。传统的工作量证明算法包括带有双迭代 SHA-256 的 Hashcash、带有 Scrypt 内部散列的 Hashcash 等。

14.2 权益证明：质押代币，参与生成、验证区块

以太坊的共识机制正在从工作量证明转向权益证明（PoS）。这是一直以来的计划，因为这是通过升级实现以太坊扩展战略的关键部分。然而，让 PoS 正确实现是一个巨大的挑战。

权益证明是区块链网络用来实现分布式共识的一种机制，它要求网络中的验证者用自己的 ETH 做质押，验证者负责与工作量证明中的矿工类似的事情，排序交易和创建新区块，以便所有节点都能就网络的状态达成一致。

权益证明对工作量证明系统有许多改进：更高的能源效率，不需要大量的能源来挖掘区块；降低准入门槛，减少硬件要求，不需要非常高端的硬件就有机会生成新区块；对中心化有免疫力，会使得网络中出现较多的节点；对区块链提供更强的支持，是以太坊网络扩展的一个关键升级。

权益证明是在收到足够的质押后激活验证器的基础机制，对于以太坊来说，用户需要质押 32 个 ETH 才能成为一个验证者。验证者被随机选择来创建区块，并参与检查和确认其他节点创建的区块。用户的权益也被用作激励良好验证者行为的一种方式。另外，用户可能会因为脱机未能验证而失去部分权益，或因为故意串通而失去全部权益。

与工作量证明不同，验证者不需要使用大量的计算能力，因为他们是随机选择的，没有竞争，他们不需要开采区块，仅需要在被选中时创建区块，在没有被选中时验证他人提议的区块，这种验证被称为证明。可以把验证看作节点认为这个区块看起来很好、没问题，验证者会因为提出新的区块和验

证他人提议的区块而得到奖励；若验证者证明通过了恶意区块，将失去权益。

当以太坊用权益证明取代工作量证明时，将增加分片链的复杂性。这是独立的区块链，将需要验证者来处理交易和创建新区块。计划有 64 个分片链（可扩展，如 1024 个），每个分片链对网络的状态有共同的理解，因此额外的协调是必要的，将由信标链完成。信标链接收来自分片的状态信息，并将该状态信息提供给其他分片，允许网络保持同步。信标链还将管理验证者，从登记他们的质押存入到发放他们的奖励和惩罚。以太坊 2.0 概念架构如图 14-1 所示。

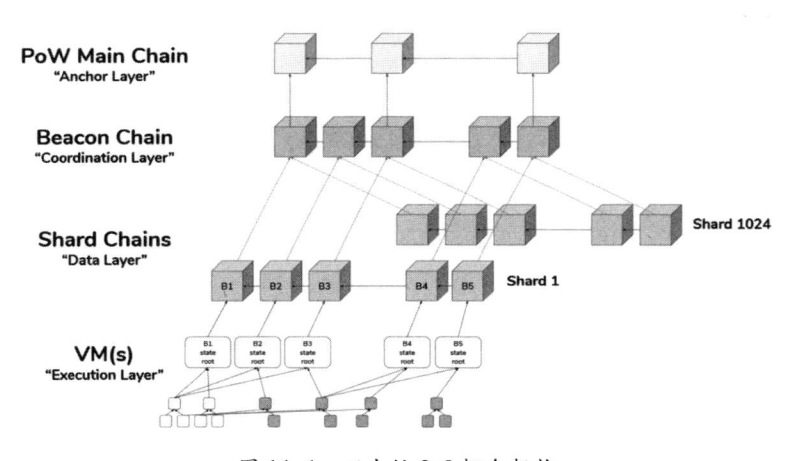

图 14-1 以太坊 2.0 概念架构

当用户在一个分片上提交交易时，验证者将负责把该交易添加到分片区块中，验证者是由信标链通过算法选择的，以提议新区块；如果一个验证者没有被选中提出新分片区块，则他将证明其他验证者的提议，并确认区块看起来是可以的、没问题的，在信标链中记录的是证明，而非交易。每个分片区块需要至少 128 个验证者来证明，这 128 个验证者组成委员会。有一个时限，在这个时限内提出和验证一个分片区块，这个时限称为时隙 slot。每个时隙 slot 只创建 1 个有效的块，1 个纪元 epoch 有 32 个时隙 slot，每个纪元 epoch 之后，该委员会解散，并由不同的随机参与者重新组建，这有助于保持分片安全，使分片不会受到不良委员会的影响。

一旦一个新的分片区块提案有足够的证明，就会创建一个交叉链接，它确认了该区块及用户的交易被纳入信标链。一旦有了交叉链接，提出该区块的验证者就会得到奖励。在分布式网络中，当一个交易成为一个不能改变的区块的一部分时，它就具有最终性。为了做到这一点，一个最终性协议Casper，让验证者在某些检查点同意一个区块的状态。只要有2/3的验证者同意，该区块就被最终确定。

权益证明中仍然存在51%攻击的威胁，但对攻击者来说风险更大。要做到这一点，需要控制51%所质押的ETH。这不仅是一大笔资产，而且攻击可能导致ETH贬值，所以破坏拥有多数权益的货币的价值动机非常小，保持网络安全和健康有更强的激励。在信标链的协调下，削减权益、踢出和其他惩罚措施将存在，以防止不良行为，验证者也将负责记录这些事件。

与工作量证明相比，权益证明中的ETH质押使得运行一个节点更容易。它不需要巨大的硬件投资或能源消耗，如果没有足够的ETH来质押，可以加入抵押池；权益质押是去中心化的，允许大量的参与者，允许安全分片；分片链允许以太坊在同一时间创建多个区块，以增加交易吞吐量；权益证明的效果有待实际运行检验。

14.3 空间证明：用存储空间挖矿

空间证明（PoSpace），也叫容量证明（PoC），是通过分配内存或磁盘空间来解决服务提供商提出的挑战，从而证明自己对某项服务拥有合法权益的方法。

与工作量证明相比，空间证明使用的不是计算，而是存储。由于存储的通用性和存储所需的能源成本较低，空间证明被认为是一种公平和节能环保的选择。

空间证明指证明者向验证者发送一段数据，以证明验证者保留了一定的空间。为了实用，验证过程需要高效，即消耗少量的空间和时间。为了稳妥，如果证明者实际上没有保留所声称的空间量，那么他就很难通过验证。验证者要求证明者建立难以解析的图的标签，证明者致力于标记，然后验证者要求证明者打开几个随机位置。已经发布的空间证明的加密货币有Chia。

存储证明（PoStorage），是可检索性证明、数据占用证明，与空间证明有关，但不是证明显示空间可以用于解决一个难题，而是证明空间实际用于正确存储数据，旨在为存储数据分配价值的加密货币有文件币 Filecoin、Storj 等。

容量证明允许矿工预先计算（plot）PoW 函数并将其存储到硬盘上的系统，加密货币 Signum 会用到容量证明。

时空证明（PoST），表明证明者花费了一定的时间保持保留空间不变，存储的成本不仅与它的容量密不可分，而且与使用该容量的时间有关；它与存储证明有关；允许在空间和时间之间进行权衡。

第 15 章 区块哈希算法

比特币挖矿使用 Hashcash 工作量证明函数，Hashcash 算法需要以下参数：服务字符串、随机数（Nonce）和计数器（Counter）。在比特币中，服务字符串被编码在区块头数据结构中，包括一个版本字段、前一个区块的哈希值、区块中所有交易的 Merkle 树的根哈希值、当前时间以及难度。随机数，是矿工正在解决并寻找的数字。另外，extraNonce 字段是 Coinbase 交易的一部分，被存储为 Merkle 树中最左边的叶子节点，Coinbase 是区块中特殊的第一个交易。计数器参数很小，只有 32 位。在挖掘比特币时，Hashcash 算法在增加计数器和 extraNonce 字段时，交易的 Merkle 树的根哈希值会变化，将重新对区块头进行哈希运算。

区块的主体包含所有交易，这些仅通过 Merkle 根间接散列。

区块哈希的目标值的紧凑格式是一种特殊的浮点编码，共 4 个字节，后 3 个字节作为尾数，前导 1 个字节作为指数（该字节只有最低的 5 位被使用），基数是 256。

在工作量证明，寻找 Nonce 值，使得区块的 Hashcash 工作量证明函数的哈希值小于目标值的过程中，Nonce 值从 0 开始，以线性方式递增，每当 Nonce 溢出时（它经常溢出），生成交易（generation transaction）的 extraNonce 部分就会增加，这就改变了 Merkle 根，并重置 Nonce，重新寻找试验过程。

此外，任何两个矿工间基本不可能拥有相同的 Merkle 根，因为区块中的第一笔交易是发送到矿工的一个独特的比特币地址；由于一个矿工的区块与其他矿工的区块不同，几乎保证会产生不同的区块哈希值，一个矿工计算的每一个哈希值，与网络上其他哈希值有同样的获胜机会。

比特币使用 SHA-256［SHA-256（Block_ Header）］算法，但须注意

字节顺序。

比如，对 2021 年 8 月 25 日 21：32（GMT＋8）生成的比特币区块 #697531 哈希值的 Python 计算过程如图 15-1 所示。

图 15-1　比特币区块#697531 哈希值的 Python 计算过程

计算过程涉及的区块头部的十六进制串参数，由 6 个字段串联起来组成：区块版本号、上一区块的哈希、Merkle 根哈希、时间、紧凑格式的当前目标 Bits、随机数。需要注意，在本 Python 程序计算过程中，这些字段都是十六进制并且是小端序（Little-Endian），而在一般网页区块链浏览器中看到的数据是大端序（Big-Endian）。

最终计算得出的区块#697531 的区块哈希（大端序）为 0000000000000000000d2f4175908e8eae881057e3e67145878a94950860d72b，与通过区块链浏览器查询到的该区块哈希值一致，证明整个计算过程正确。

15.1　SHA-256：对任意长度的数据做变换后输出 256 位值

SHA-256 是美国国家安全局（NSA）设计的 SHA-2 加密散列函数中的一个成员，SHA 是安全哈希算法的缩写。加密哈希函数是在数字化数据上运行的数学运算，通过计算出的哈希值，即执行算法的输出，与已知和预期的哈希值进行比较，可以确定数据的完整性。单向散列值可以在任何数据中生成，但数据不能在散列值中逆向生成。

SHA-256 被用在比特币网络的几个不同部分：比特币挖矿使用 SHA-256 作为工作量证明算法的一部分；SHA-256 被用于创建比特币地址，以提高安全性和保护隐私。

SHA-2 是美国 NSA 设计并于 2001 年首次发布的一组加密哈希函数。SHA-2 系列由 6 个哈希函数组成，即 SHA-224、SHA-256、SHA-384、SHA-512、SHA-512/224、SHA-512/256，它们的摘要（哈希值）长度分别为 224 位、256 位、384 位、512 位、224 位、256 位。它们使用不同的移位量和附加常数，然而它们的结构几乎相同，但在计算轮数上有区别。SHA-2 哈希函数在一些被广泛使用的安全应用和协议中实现，包括 TLS、SSL、PGP、SSH、S/MIME 和 IPsec 等。

SHA-256 是使用 8 个 32 位字计算的新型哈希函数，摘要即所输出的哈希值，长度为 256 位；一些加密货币如比特币，使用 SHA-256 来验证交易和计算工作量证明或权益证明；ASIC SHA-2 加速芯片的兴起促进了基于加密工作量证明方案的使用。

SHA-256 哈希函数演示如图 15-2 所示。当输入任意长度的文本时，经过 SHA-256 哈希变换，所输出的哈希值都是 256 位（二进制数字）。比如输入"数字货币的读者你好，本书作者朱兴雄向你致以诚挚的祝福！"时，经过 SHA-256 哈希函数变换后，输出的哈希值为"cb2ec18e85d98ff223dae6150cbf089259a01a07b748ab5c7426a31c509edd16"（64 个十六进制字符），值等于"1100101100101110110000011000111010000101101100110001111111001000100011110110101110011000010101000011001011111000010001001001011001101000000011010000001111011011101001000101010110101110001110100001001101010001100011100010100001001111011011101000101 10"（256 个二进制字符）。

基于 SHA-256 算法的工作量证明机制已在多数数字货币中应用，如比特币、比特币现金、MazaCoin、Namecoin、Peercoin 等。

```
SHA-256
SHA-256 online hash function

数字货币的读者你好，本书作者朱兴雄向你致以诚挚的祝福！

Input type [Text ▼]

                    Hash    ☑ Auto Update

cb2ec18e85d98ff223dae6150cbf089259a01a07b748ab5c7426a31c509edd16
```

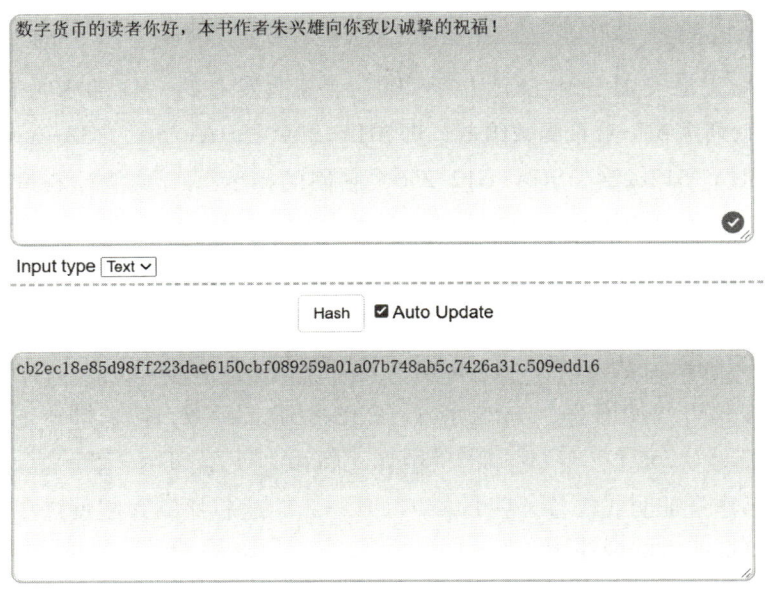

图 15-2　SHA-256 哈希函数演示

15.2　Ethash：用于以太坊的工作量证明算法

Ethash 是一种以太坊 1.0 挖矿工作量证明算法；Ethash 是之前称为 Dagger-Hashimoto 以太坊算法的继承者，实际上是它的升级版。

Ethash 使用 Keccak-256、Keccak-512 哈希算法，而 SHA-3 标准是更广泛加密系列 Keccak 的一个子集。有时 Ethash 的哈希函数被称为 SHA3-256 和 SHA3-512，但以太坊的 Keccak 版本不是标准的 SHA-3 哈希算法。

SHA-3，即安全哈希算法 3，是安全哈希算法系列标准的最新成员，由美国国家标准技术研究院（NIST）于 2015 年 8 月发布。

Ethash 的开发目的之一是试图防止 ASIC 矿工，以太坊项目社区比较反对 ASIC 在网络中占主导地位；Ethash 挖矿可以通过 CPU 和 GPU 进行，而 GPU 矿机的挖矿能力高于 CPU 矿机。

基于 Ethash 的工作量证明机制的数字货币有 ETH、ETC 等。

15.3 Scrypt：通过提高内存需求防止并行攻击的算法

Scrypt 是基于密码的密钥派生函数，由 Colin Percival 创建，最初用于 Tarsnap 在线备份服务。该算法经过专门设计，需要大量内存，因此执行大规模定制硬件攻击成本高昂。2016 年，Scrypt 算法被 IETF 作为 RFC 7914 标准发布，Scrypt 的简化版本被一些加密货币用作工作量证明方案。

基于密码的密钥派生函数，通常被设计为计算密集型，因此它需要相对较长的时间来计算；Scrypt 函数的设计是为了通过提高算法的资源需求来阻碍类似暴力攻击尝试，因此被设计为使用大量内存，使定制硬件的成本更加昂贵，限制了攻击者在一定财政资源下可以使用的并行量。

Scrypt 对内存的巨大需求，来自所生成的大量伪随机位串的向量。一旦向量生成，它的元素就会以伪随机的顺序被访问并组合以产生派生密钥。一个直接的实现需要将整个向量保存在 RAM 中，以便在需要时可以访问它。

时间—内存的权衡存在于该算法中。算法速度的提高，以使用更多的内存为代价；内存需求的降低，需执行更多的操作和花费更长的时间。Scrypt 背后的逻辑是，故意使这种权衡在任何一个方向上的偏颇都是昂贵的。

Scrypt 在一些加密货币中作为工作量证明算法使用，莱特币、狗狗币等采用了 Scrypt 算法。使用 Scrypt 的加密货币的挖矿，通常在 GPU 上进行，因为对于 Scrypt 算法，GPU 往往明显比 CPU 有更强的处理能力。

第 16 章　区块

交易数据被永久地记录在被称为区块的文件中，它们可以被认为是一种记录簿，记录资产所有权的变化。区块随着时间的推移被组织成一个线性序列，即区块链。千百个新的交易不断被矿工处理成新的区块，并被添加到链的末端，随着区块在区块链中下沉得越来越深，它们变得越来越难以改变或删除，这就产生了比特币的不可逆交易。

16.1　区块结构

区块链由区块组成，区块包含区块头和区块体。区块头由 6 个数据项组成，而区块体包括许多交易。

区块结构如表 16-1 所示。

表 16-1　区块结构

字段	描述	大小/字节
魔法数（Magic No.）	值不变，为 0xD9B4BEF9	4
区块大小	区块的字节数	4
区块头	由 6 个数据项组成	80
交易计数器	正整数，VarInt	1～9
交易	交易列表，非空，许多交易	约 1MB（目前最高限制 2～4MB）

区块头结构如表 16-2 所示。

表 16-2　区块头结构

字段	描述	何时更新	大小/字节
版本	区块版本号	指定了新版本时	4

（续表）

字段	描述	何时更新	大小/字节
前一区块的哈希值	前一个区块头的哈希值	生成一个新区块时	32
交易 Merkle 树的根哈希值	基于区块中所有交易的 Merkle 树的根哈希值	一个交易被接受时	32
时间戳	当前区块的时间戳	每隔几秒钟	4
Bits	当前的区块哈希目标，紧凑格式	难度被调整时	4
Nonce	32 位（bit）数字，从 0 开始	一个哈希值被尝试时，递增	4

每个区块都包含当前时间、一些或所有最近的交易记录，以及对紧接在它之前的区块的引用。它还包含一个难以解决的数学难题的答案，答案对每个区块都是不同的；如果没有正确答案，新的区块就不能提交给网络。挖矿的过程实质上就是通过竞争成为下一个找到解决当前区块的答案的过程。每个区块的数学问题都难以解决，但一旦找到有效的解，网络中的其他成员就很容易确认该解是正确的。任何给定的区块都有多个有效的解，只需要找到其中一个就行。解决每个区块都有全新的比特币奖励，每个区块包含了哪个比特币地址获得奖励的记录，这条记录被称为生成交易，或 Coinbase 交易，并且总是在每个区块中出现的第一个交易。每一个区块所产生的比特币数量，从刚开始时的 50 个 BTC，然后每生成 21 万个区块后（约每 4 年）减半，到目前是 6.25 个 BTC。

比特币交易由发送者广播给网络，所有试图解决区块的矿工节点，收集交易记录并添加到他们正在解决的区块中。由于附加了交易费用，因此矿工有动力将交易加入他们的区块中。

数学问题的难度由网络自动调整，目标是平均每 1 小时生成 6 个区块。每隔 2016 个区块，大约 2 周时间，所有客户端将实际创建运行情况与该目标进行比较，并按差异调整区块哈希的目标难度。网络达成共识后，自动增加或减少生成区块的难度。

每个区块都包含对前一个区块的引用，所有存在的区块的集合形成了一个链。然而，链有可能出现暂时的分裂，比如两个矿工在同一时间对同一个区块得出两个不同的有效解而彼此并不知情。点对点网络的设计，是为了在短时间内处理这些分裂，所以链上只有一个分支会幸存下来。客户端接受最长的区块链为有效，整个区块链长度最长的链指的是综合难度最大的链。

区块以平均每 10 分钟一个区块的速度不断被添加到链的末端。区块证明交易在某一特定时间存在，即使所有 2100 万个比特币都已经生成，交易仍然会继续发生，所以，只要有人在交易比特币，区块就会被创建。

区块由区块头和在区块中的交易组成；交易由哈希值识别；区块由区块头的哈希值识别，并由 prev 指针将区块连接起来。

16.2 区块分类

根据区块所处的主分支、侧分支和孤立位置的不同，区块分为 3 类：①主分支中的区块。这些区块中的交易被认为至少是暂时确认的。②主分支以外的侧分支上的区块。这些区块至少暂时失去了在主分支中的竞争地位。③孤立的区块。这些区块没有连接到主分支中，通常是因为缺少一个前置或第 N 级前置。前两类区块形成一棵树，根在创世区块，由指向根的 prev 指针连接。这是一棵非线性的树，主分支上的分支很少而且很短；将分支中的每个区块的难度相加，主分支被定义为总难度最高的分支。

第 17 章　点对点网络

点对点网络（Peer-to-Peer Network，P2P 网络），又称对等网络，是一种分布式架构，比特币网络协议允许全节点协作维护一个点对点网络进行区块和交易交换。

全节点（完整节点，Full Node）下载并验证每个区块和交易，然后再转发给其他节点，存档节点是存储整个区块链的全节点，可以向其他节点提供历史区块。全节点以 Bitcoin Core 为代表，Bitcoin Core 的程序决定哪个区块链包含有效的交易；运行 Bitcoin Core 的全节点，每个全节点遵循完全相同的规则来决定哪个区块链有效。安装 Bitcoin Core，初始同步将需要下载大量数据，并占用较大的存储空间。

简化支付验证（Simplified Payment Verification，SPV）客户端以 BitcoinJ 为代表，BitcoinJ 是一个用于处理比特币协议的软件库，可以维护钱包、发送接收交易而无须比特币核心的本地副本，用 Java 实现；在高度优化的轻量级简化支付验证模式下，只有区块链的一小部分被下载，使 BitcoinJ 适合在受限制的设备上使用，如智能手机或廉价的虚拟私有服务器。

对等节点发现，当第一次启动时，程序不知道任何活动的全节点的 IP 地址；为了发现一些 IP 地址，查询一个或多个硬编码在 BitcoinCore 和 BitcoinJ 的 DNS 名称，称为 DNS 种子；查询的响应，包括一个或多个 DNS A 记录，其中包含全节点的 IP 地址，有可能接受新的入向连接。

DNS 种子由比特币社区成员维护，其中一些人提供动态 DNS 种子服务器，通过扫描网络自动获取活跃节点的 IP 地址，另一些人提供静态 DNS 种子，手动更新，如果节点运行在默认的比特币 8333 端口（主网）或 18333 端口（测试网），就会被添加到 DNS 种子中。

一旦一个程序连接到网络，它的对等节点就可以开始向它发送 addr（地址）消息，其中包括网络上其他对等节点的 IP 地址和端口号，这提供了一个完全去中心化的对等节点发现方法；Bitcoin Core 在持久的磁盘数据库中保存已知的对等节点记录，这通常允许它在随后的启动中直接连接到这些对等节点，而不需要 DNS 种子。

连接到一个对等节点是通过发送 version 版本消息来完成的，其中包含你的版本号、区块和当前时间等远程节点，远程节点用它自身的 version 版本消息进行回应。然后，两个节点都向对方发送一个 verack 消息，表示连接已经建立。一旦连接，客户端就可以向远程节点发送 getaddr 和 addr 消息以收集更多的对等节点。为了维持与对等节点的连接，节点默认会在活动之前 30 分钟内，向对等节点发送消息，如果 90 分钟过去了，没有收到对等节点的消息，客户端将认为该连接已经关闭。

在一个全节点可以验证未经确认的交易和最近开采的区块之前，它必须下载和验证从区块 1（硬编码的创世区块之后的区块）到区块链的当前顶端的所有区块，这就是初始区块下载（IBD）或初始同步。虽然"初始"一词暗示这种方法只使用一次，但也可以在需要下载大量区块的任何时候使用，例如当节点长时间离线时，在这种情况下，节点可以使用 IBD 方法下载自上次上线以来产生的所有区块。当 Bitcoin Core 在本地最佳区块链上的最后一个区块的区块头时间已超过 24 小时时，也会使用 IBD 方法。

17.1 以区块优先的初始区块下载法

Bitcoin Core，一直到 0.9.3 版本，使用一个简单的初始区块下载方法，即区块优先法（Blocks-First，BF），目标是依次从最佳区块链下载区块。

一个节点第一次启动时，它的本地最佳区块链中只有一个区块，即硬编码的创世区块，命名为区块 0。这个节点选择了一个远程对等节点，称为同步节点，并向该同步节点发送 getblocks 消息。在 getblocks 消息的头哈希字段中，这个新节点发送了它唯一拥有的区块头哈希值，即创世区块的哈希。它还将停止哈希字段设置为零，以请求一个最大的响应。在收到 getblocks 消息后，同步节点获取第一个区块头哈希，并在本地最佳区块链中搜索具有该区块头哈希的区块，它发现区块 0 是匹配的，所以它从区块 1 开始回复 500 个区块清单，这是对 getblocks 消息的最大回应，它在 inv 消息中发送了这些历史库存区块。每个清单包含一个类型字段和对象实例的唯一标识符，对于区块而言，这个唯一标识符是区块的头哈希值。

IBD 节点在收到库存清单后，使用 getdata 消息从同步节点请求 128 个区块。对于区块优先的节点来说，按顺序请求和发送区块是很重要的，因为每个区块的头都会引用前一个区块的头哈希值。收到 getdata 消息后，同步节点会回复每个请求的块。每个区块都被转换成序列化的区块格式，并在一个单独的 block 消息中发送。IBD 节点下载每个区块进行验证，然后请求下一个区块，保持一个最多 128 个区块的下载队列，在请求完库存清单上的每一个区块后，IBD 节点向同步节点发送另一个 getblocks 消息，然后循环往复，直到被同步到区块链的顶端。此后，该节点将接受常规区块广播发送的区块。

表 17-1 总结了区块优先的初始区块下载法涉及的消息。

表 17-1　区块优先的初始区块下载法涉及的消息

消息	发送方至接收方	有效载荷
getblocks	IBD 节点（本地节点）→同步节点（远程对等节点）	一个或多个区块头哈希值
inv	同步节点→IBD 节点	多达 500 个区块的清单
getdata	IBD 节点→同步节点	一个或多个区块清单
block	同步节点→IBD 节点	一个序列化的区块

17.2　以区块头优先的初始区块下载法

Bitcoin Core 0.10.0 使用的初始区块下载方法，即区块头优先法（Headers-First，HF），目标是下载最佳区块头信息链上的区块头，并部分验证它们，然后并行下载相应的区块。

一个节点第一次启动时，它的本地最佳区块链中只有一个区块，即硬编码的创世区块——区块 0。这个节点选择了一个远程对等节点，我们称之为同步节点，并向该同步节点发送 getheaders 消息。在 getheaders 消息的头哈希字段中，这个新节点发送它唯一拥有的区块头哈希，即创世区块哈希。它还将停止哈希字段设置为零，以请求一个最大的响应。在收到 getheaders 消息后，同步节点获取第一个也是唯一一个区块头哈希值，并在本地最佳区块链中搜索具有该区块头哈希值的区块，它发现区块 0 匹配，所以它从区块 1 开始回复 2000 个区块头。IBD 节点可以部分验证这些区块头，确保所有字段遵循共识规则，区块头的哈希值应低于根据 nBits 字段所得出的目标阈值。在 IBD 节点验证了区块头之后，它可以并行地做两件事，即下载更多区块头信息和下载区块。

（1）下载更多区块头信息：IBD 节点可以向同步节点发送另一个 getheaders 消息，以请求最佳区块头信息链上的 2000 个区块头信息，并反复请求另一批 2000 个区块头信息，直到从同步节点收到少于 2000 个区块头信息的 headers 消息，这表明它没有更多的区块头信息可以提供。一旦 IBD 节点从同步节点收到少于 2000 个区块头信息的 headers 消息，它就向每个出站对等节点发送 getheaders 消息，以获得对最佳区块头信息链的视图。通过比较响应，它可以很容易地确定所下载的区块头信息是否属于任何一个出站对等节点所报告的最佳区块头信息链，这意味着即使不使用检查点，一个不诚实的节点也会很快被发现。

（2）下载区块：在 IBD 节点下载完区块头文件后，IBD 节点将请求并下载每个区块，创建 getdata 消息，通过它们的库存清单来请求它需要的区块。它不需要从同步节点请求这些信息，它可以从任何一个全节点的对等节点请求它们，这使得它可以并行地获取区块，避免下载速度受制于单个同步节点的上传速度。为了在多个对等节点之间分散负载，Bitcoin Core 一次最多能从一个对等节点请求 16 个区块，结合最大的 8 个出站连接，这意味着在 IBD 期间，可以同时请求最多 128 个区块。

一旦 IBD 节点被同步到区块链的顶端，它将接受常规区块广播发送的区块。

表 17-2 总结了区块头优先的初始区块下载法涉及的消息。

表 17-2 区块头优先的初始区块下载法涉及的消息

消息	发送方至接收方	有效载荷
getheaders	IBD 节点（本地节点）→同步节点（远程对等节点）	一个或多个区块头哈希值
headers	同步节点→IBD 节点	多达 2000 个区块头
getdata	IBD 节点→多个对等节点	一个或多个从区块头哈希值得出的区块清单
block	多个对等节点→IBD 节点	一个序列化的区块

17.3 区块广播

当矿工发现一个新的区块时，它使用以下方法之一将新区块广播给其他对等节点。

（1）主动出块推送：矿工向它的每个全节点对等节点发送一个带有新区块的 block 消息，矿工可以通过这种方式，合理地绕过标准中继方法，因为它知道没有一个对等节点已经拥有刚刚发现的区块。

（2）标准区块中继：矿工作为一个标准的中继节点，向每个对等节点，包括全节点和简化支付验证客户端发送一个 inv 消息，其中包含引用新区块的清单。最常见的回应是：每个想要区块的区块优先对等节点用 getdata 消息回复，要求提供完整区块；每个想要区块的区块头优先对等节点用 getheaders 消息回复，其中包含最佳区块头链上最大高度的头哈希值，可能还有一些最佳区块头链上更早生成（小于最大高度）的区块头，以允许分叉检查，紧随其后的是一个 getdata 消息，要求提供整个区块。通过首先请求区块头，区块头优先的对等节点可以拒绝无主块；每个想要区块的简化支付验证客户端，都会回复一个 getdata 消息，通常请求一个 Merkle 路径；矿工相应地回复每个请求，在 block 消息中发送区块，在 headers 消息中发送一个或多个区块头信息，或在 merkleblock 消息中发送与简化支付验证客户端 bloom 过滤器有关的 Merkle 区块和交易，随后发送零个或多个 tx 消息。

(3）直接区块头公告：一个中继节点可以跳过 inv 消息后的 getheaders 的往返开销，立即发送一个包含新区块的完整区块头的 headers 消息。收到此消息的区块头优先的对等节点将部分验证区块头，就像在区块头优先的 IBD 期间一样，如果区块头信息有效，则用 getdata 消息请求全部区块内容。然后，中继节点分别使用 block 或 merkleblock 消息中的完整或过滤的区块数据，区块头优先的节点在连接握手期间可以通过发送一个特殊的 sendheaders 消息来表示它更喜欢接收 headers 消息而不是 inv 公告。

这个区块广播协议是在 BIP 130 中提出的，并从 Bitcoin Core 0.12 版本开始实施。

在默认情况下，Bitcoin Core 使用直接区块头公告来广播区块给任何使用 sendheaders 信号的对等节点，并对所有没有发送信号的对等节点使用标准区块中继，Bitcoin Core 将接受使用上述任何方法发送的区块。

全节点会验证收到的区块，然后使用标准区块中继方法转发给它们的对等节点。

表 17-3 总结了区块广播的消息。

表 17-3 区块广播的消息

消息	发送方至接收方	有效载荷
inv	中继节点→任何节点（使用任何区块检索方法的节点）	新区块的清单
getdata	区块优先节点→中继节点	新区块的清单
getheaders	区块头优先节点→中继节点	区块头优先节点的最佳区块链上的一个或多个头哈希值
headers	中继节点→区块头优先节点	连接区块头优先节点的最佳区块头链和中继节点的最佳区块头链的多达 2000 个区块头信息
block	中继节点→区块优先节点/区块头优先节点	序列化格式的新区块
merkleblock	中继节点→简化支付验证客户端	新区块过滤成的 Merkle 区块
tx	中继节点→简化支付验证客户端	来自新区块的符合 bloom 过滤器的序列化交易

17.4　交易广播

为了向对等节点发送交易，要发送一个 inv 消息，如果收到 getdata 消息，则使用 tx 发送该交易，收到该交易的对等节点也以同样的方式转发该交易，前提是它是一个有效的交易。

第 18 章　闪电网络

闪电网络，旨在实现可扩展的、即时的比特币、区块链交易。闪电网络具有以下特点：即时支付，闪电般快速的区块链支付，无须担心区块确认时间；安全性由区块链智能合约提供，支付速度以毫秒到秒计算；可扩展性，声称能够在整个网络中实现每秒数百万的交易，比传统的支付渠道高出多个数量级；低成本，通过在区块链外进行交易和结算，闪电网络允许较低的费用，允许即时小额支付；跨区块链，在异质区块链共识规则下，跨链原子交换可以在链外即时发生；只要链间能支持相同的加密哈希函数，就有可能进行跨区块链的交易。

18.1　闪电网络原理

闪电网络由区块链智能合约驱动，是一个去中心化的网络，实现网络参与者的即时支付。通过使用原生的智能合约脚本语言，创建一个安全的参与者网络。该网络能够以大批量和高速度进行交易。闪电网络概念如图 18-1 所示。

双向的支付渠道，两个参与者在区块链上创建一个账本条目，这需要两个参与者在任何资金支出上签字。闪电网络通过创建一个由这些双方账本条目参与者组成的网络，可以在网络上找到一条类似于互联网路由数据包的路径，支付是使用脚本执行的，该脚本通过递减时间锁来执行原子性，即要么整个支付成功，要么整个支付失败。区块链作为仲裁者，可以不受限制地在区块链外进行交易，部分交易如结算交易的最终版本在链上进行。

闪电网络是一个去中心化的系统，用于即时、大批量的小额支付，可以在零售点终端上使用。

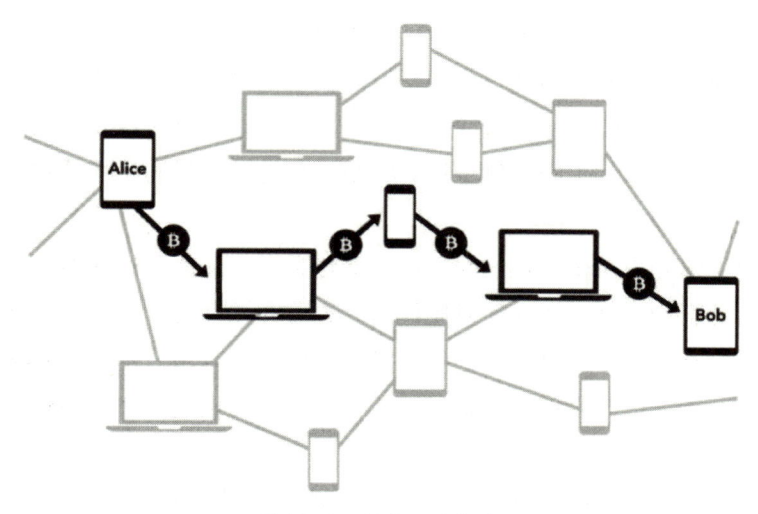

图 18-1　闪电网络概念

对于微型支付，传统比特币交易因每笔交易都有一定费用，实际执行的最小交易金额较高，因此微型支付在传统网络上基本行不通。而通过闪电网络小额、微型支付，新的市场可能性被拓展，人们可以发送比如小到 0.00000001 BTC 的资金。

18.2　闪电网络实现

闪电网络是一个第二层支付协议，构建在比特币区块链网络之上，旨在实现参与节点之间的快速交易，并被提议作为比特币可扩展性问题的解决方案。闪电网络的正常使用包括：首先向相关基础区块链，即第一层，提交锁定一定数量的资金来打开一个支付通道；然后进行任意数量的闪电网络交易，更新该通道资金的暂定分配，而不向区块链广播这些交易，支付通道允许参与者相互转账，而不必在区块链上公开他们的所有交易；最后通过广播结算交易的最终版本来关闭支付通道，以分配该通道的资金。

闪电网络有以下优势：①粒度小。闪电网络的一些实现允许小于一个 Satoshi 的支付，Satoshi 是比特币基础层的最小单位，而支付给闪电网络中间节点的路由费经常以毫聪（msat）计价。②保护隐私。闪电网络的付款可以通过许多连续的渠道，每个节点操作者都能看到他们渠道上的付款，但是，如果他们不相邻，他们将无法看到这些资金的来源和目的地。③速度快。闪电网络的交易结算时间不到一分钟，可以在几毫秒内发生，相比之下，比特币区块链上的确认时间平均每 10 分钟发生一次。④交易吞吐量大。在该协议下，每秒钟可以发生的支付量没有限制，交易量只受到每个节点的处理能力和速度的限制。

闪电网络是由两个节点之间的双向支付渠道组成的，这些节点组合起来形成了智能合约，如果在任何时候任何一方放弃该通道，通道将关闭，并在区块链上结算。由于闪电网络的争端机制，要求所有用户不断观察区块链是否有欺诈行为，因此发展出了瞭望塔的概念，可以通过信任瞭望塔节点来监控欺诈行为。

如果交易双方之间没有开通双向支付渠道，则必须通过网络进行支付，它要求付款的发送方和接收方有足够的共同节点来找到支付路径。比如，A 想付给 B 比特币，当 A 和 B 之间没有开通双向支付渠道，而 A 与 C 之间有一个通道，B 与 C 之间也有一个通道时，为了安排付款，则 A 向 C 发送比特币，C 向 B 发送等量的比特币。

闪电技术基础 BOLT 规范描述了一个通过相互合作进行链外比特币转移的第二层协议，其在必要时依靠链上交易来执行。第二层协议包括基础协议、通道管理的对等协议、Onion 路由协议、对等节点和通道发现、加密和认证的传输、DNS 引导和辅助节点定位、闪电支付的 Invoice 协议等。Lightning 是一个使用通道网络，用比特币进行快速支付的协议。

Lightning 通过建立通道来工作，两个参与者创建一个闪电支付通道，其中包含他们锁定在比特币网络上的一定数量的比特币，比如 0.1 BTC，只有在他们两个人签名的情况下才可以花费。闪电支付通道只允许两个参与者之间的支付，但通道可以连接在一起形成网络，允许网络的所有成员之间进行支付。

Bitfinex 加密货币交易所支持闪电网络，通过平台上的闪电网络，启用了存款和取款。

支持闪电网络的比特币钱包，目前许多仍处于公开测试阶段，要注意资金安全。

2021 年 6 月，萨尔瓦多通过立法使比特币在萨尔瓦多成为法定货币之一，声称将引入利用闪电网络协议的钱包。

第 19 章　智能合约

智能合约是一个运行在以太坊区块链上的程序，是代码和数据（功能和状态）的集合，是驻留在以太坊区块链的一个特定地址。智能合约是一种计算机程序或交易协议，旨在根据合同或协议的条款自动执行、控制。

19.1　智能合约原理

智能合约是以太坊账户的一种类型，这意味着它们有一个余额，可以通过网络发送交易。然而，它们不是由用户控制的，而是被部署在网络上并按程序运行。用户账户可以通过提交执行智能合约上所定义功能的交易来与智能合约互动。智能合约可以定义规则，就像普通协议一样，并通过代码自动执行这些规则。智能合约默认不能被删除，与它们的互动是不可逆转的。

任何人都可以编写智能合约并部署到网络上，用智能合约语言 Solidity 编码，并有足够的 ETH 币来部署智能合约。Solidity 语言标识如图 19-1 所示。

合约在部署前需进行编译，以便以太坊虚拟机能够解释和存储合约。部署智能合约在技术上是一个交易，需要支付 Gas，就像需要为转移 ETH 币支付 Gas 一样。然而，合约部署的 Gas 成本要高很多。

智能合约在以太坊上是公开的，可以被认为是开放的 API，能在智能合约中调用其他智能合约，大大扩展了功能范围。

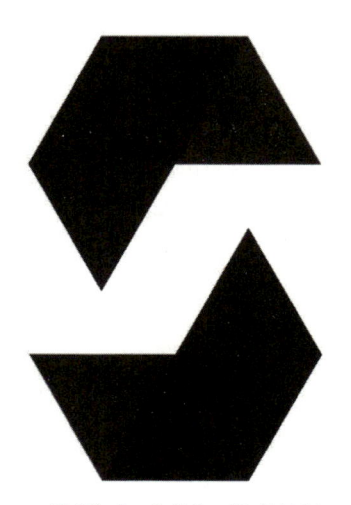

图 19-1　Solidity 语言标识

单独的智能合约不能获得外部真实世界事件的信息，因为它们不能发送

HTTP 请求，设计如此，因为依靠外部信息可能会危及共识，这对安全和去中心化很重要。然而，可以通过使用预言机 Oracle 来解决这个问题。

19.2 一个智能合约实例：实现简单的加密货币

Solidity 是一种面向对象的用于编写智能合约的语言，用于在各种区块链平台上实现智能合约，最引人注目的是在以太坊平台上实现智能合约。Solidity 编译的程序旨在运行在以太坊虚拟机上。

一个智能合约实例，实现了简单的加密货币，如图 19-2 所示。本合约只允许创建者创建新币，任何人都可以相互发送代币，不需要用户名和密码注册，需要的只是一个以太坊密钥对。

下面将对本合约进行详细阐述。address public minter 声明了一个地址类型的状态变量，地址类型是一个 160 位的值，不允许进行任何算术运算，适用于存储合约的地址，或存储属于外部账户的密钥对的公钥的哈希值。

关键字 public 会自动生成一个函数，允许从合约外部访问状态变量的当前值，如果没有这个关键字，其他合约就没有办法访问这个变量。

mapping（address =>uint）public balances 也创建了一个公共状态变量，但它是一个更复杂的数量类型，映射类型将地址映射为无符号整数。映射可以被看作是哈希表，记录添加映射中的内容，可以查询单个账户的余额。

event Sent（address from，address to，uint amount）声明了一个事件，它在 send 函数的最后一行发出，以太坊客户端，如网络应用，可以监听区块链上发出的这些事件而不需要太多的成本；事件一经发出，监听者就会收到参数值，这使得跟踪交易成为可能。

构造函数是一个特殊的函数，在创建合约的过程中执行，之后不能被调用。在这种情况下，它永久地存储了创建合约人的地址。msg 变量，连同 tx 和 block，是特殊的全局变量，包含一些属性，msg.sender 始终是当前外部调用函数的地址。

```solidity
// SPDX-License-Identifier: GPL-3.0
pragma solidity ^0.8.4;
contract Coin {
    //关键字 public 使变量可以从其他合约中访问
    address public minter;
mapping (address => uint) public balances;
    //事件允许客户端对特定的合约变化做出反应
    event Sent (address from, address to, uint amount);
    //构造函数代码只在合约创建时运行
    constructor () {
        minter = msg.sender;
    }
    //向一个地址发送一定数量的新创建的币,只能由合约创建者调用
    function mint (address receiver, uint amount) public {
        require (msg.sender == minter);
        balances [receiver] += amount;
    }
    //允许提供关于操作失败的错误信息,它们会返回给函数调用者
    error InsufficientBalance (uint requested, uint available);
    //将一定数量的币从调用者发送到一个地址
    function send (address receiver, uint amount) public {
        if (amount > balances [msg.sender])
            revert InsufficientBalance ({
                requested: amount,
                available: balances [msg.sender]
            });
        balances [msg.sender] -= amount;
        balances [receiver] += amount;
        emit Sent (msg.sender, receiver, amount);
    }
}
```

图 19-2 实现简单加密货币的智能合约

mint 函数将一定数量的新创建的代币发送到一个地址。require 函数定义了一些条件，如果不满足这些条件就会恢复所有的变化。error 允许向调用者提供更多关于条件或操作失败原因的信息，与 revert 语句一起使用。revert 语句无条件中止和恢复所有变化，与 require 类似，但它允许提供错误的名称和额外的数据，这些数据将提供给调用者，最终提供给前端应用程序或区块资源管理器，以便更容易调试或做出反应。

任何已经拥有这些代币的人，都可以使用 send 函数来向其他人发送代币。如果发送者没有足够的代币来发送，if 条件就会评估判断，结果 revert 将导致操作失败，同时使用 InsufficientBalance 向发送者提供错误细节；反之，如果发送者有足够的代币来发送，则发送者余额减少，接收者余额增加，发送操作成功。

第五篇

数字货币的未来

第 20 章 世界流通货币

在国际金融中,世界货币或超国家货币是一种在国际上交易的货币。

黄金曾被视为可能是世界上第一种全球货币。

宋朝时期出现的纸币交子,被认为是世界上最早的纸币。

中国是世界文明古国,历史悠久。丝绸之路起源于西汉,历经汉、唐、宋、元、明等历史时期,是一条东西方贸易和文明的通道,也是连接亚欧大陆的交会之路。而贸易、交易和货币的使用,也贯穿其中。中国古代钱币如图 20-1 所示。

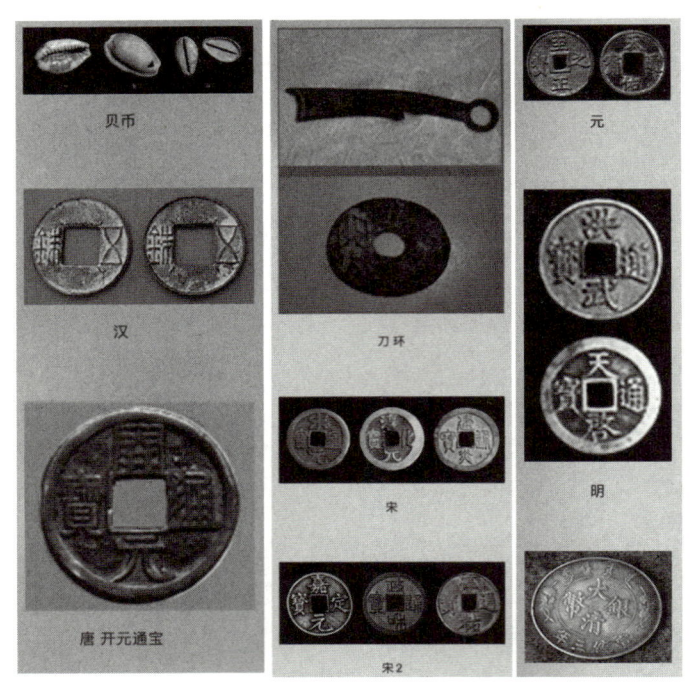

图 20-1 中国古代钱币

历史上，西班牙银元、英镑、美元等曾在一定时期、一定范围内，得到一定程度上的使用。

历史上的西班牙银元如图 20-2 所示。

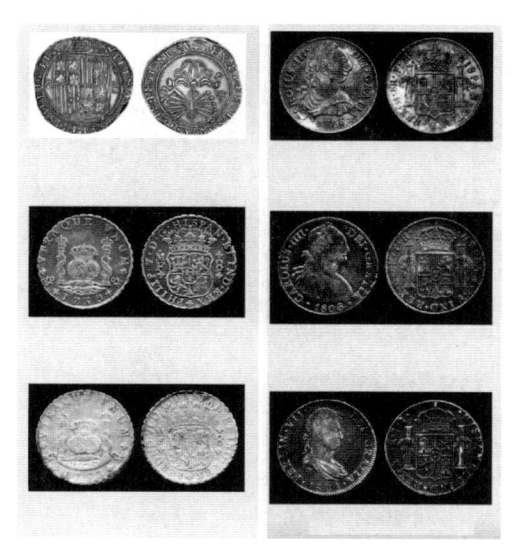

图 20-2　历史上的西班牙银元

英国各历史时期的英镑如图 20-3 所示。

图 20-3　英国各历史时期的英镑

美国各历史时期的美元如图 20-4 所示。

图 20-4　美国各历史时期的美元

未来，人民币、数字货币、美元、欧元等会竞相角逐，在世界的流通货币领域中争得更大的影响力。

20.1　金本位

金本位是一种货币制度，其中的标准经济核算单位是基于固定数量的黄金。金本位在 19 世纪和 20 世纪初被广泛使用。大多数国家在 20 世纪的某个时候放弃了作为货币体系基础的金本位，尽管许多国家仍然持有大量的黄金储备。

金本位最初是通过金币的流通而实施的一种金币本位制。货币单位与流通金币的价值相关联，或者货币单位具有某种流通金币的价值，但其他硬币可能是由价值较低的金属制成。随着纸币的发明和使用的普及，金币最终被纸币取代，形成了金币本位制，即金币不流通，但货币当局同意按要求以固定价格出售金币以换取流通货币的制度。

金汇兑本位制是金本位的另一种形式，即本国货币与另一个使用金本位国家的货币（不是与特定数量的黄金）保持一个固定的汇率。这样形成了事实上的金本位，交易手段的价值有一个固定的以黄金为单位的外部价值，与交易手段本身的内在价值无关。

20.1.1　中国古代最先以黄金、白银、赤铜等作为货币

《史记·平准书》记载，"虞夏之币，金为三品，或黄，或白，或赤；或钱，或布，或刀，或龟贝。及至秦，中一国之币为二等，黄金以溢名，为上币；铜钱识曰半两，重如其文，为下币。而珠玉、龟贝、银锡之属为器饰宝藏，不为币"。

从《史记·平准书》记载看，中国古代虞、夏朝时：金属货币分为黄金、白银、赤铜三个等级；钱币有布币、刀币、龟甲、贝壳。到了秦朝，中国统一国家的货币为两个等级，黄金以溢（镒）为单位，是一等货币；铜钱上标识了"半两"，重量如同其所标识，是二等货币。而珠宝、玉器、龟甲、贝壳、银锡之类的器物、饰品、宝贝、收藏，不作为流通货币。

《管子·国蓄》记载，"玉起于禺氏，金起于汝汉，珠起于赤野"，"以珠玉为上币，以黄金为中币，以刀布为下币"。从《管子·国蓄》的记载来看，黄金在中国古代春秋战国时期已作为一种货币使用。

20.1.2　黄金、白银等货币的发展

黄金作为货币使用，连同其他各种用作货币的商品，在数千年前的小亚细亚（今土耳其境内），就已被广泛接受。随着时间的推移，价值损失最小的商品成为公认的形式。

在中世纪早期和晚期，拜占庭金币 solidus、bezant 在欧洲和地中海地区使用广泛，后来逐渐减少。

另外，银本位曾在一定时间和地域存在。大约在公元 8 世纪，英国以罗马银币 denarius 为蓝本的银币成为英国 Mercia 的主力硬币。类似的硬币，包括意大利的 denari、法国的 deniers 和西班牙的 dineros，在欧洲境内流通。

16 世纪，西班牙探险家在墨西哥和玻利维亚发现了银矿。当时的国际贸易开始使用西班牙银元和玛丽亚·特蕾莎塔勒等硬币。

20.1.3 金本位的发展

1717年，当艾萨克·牛顿担任英国皇家铸币厂厂长时，1个金基尼与21个银先令等值，等质量金银价格比为15.2∶1。

1821年，英国金本位制首次建立。加拿大于1854年采用了黄金，纽芬兰于1865年采用了黄金，而美国和德国于1873年采用了黄金。美国以鹰币为单位，而德国引入了新的金马克。

20.1.4 过渡到金本位

金本位制期间，国际贸易以代表黄金重量的货币计价。当时的大多数国家货币本质上只是衡量黄金重量的不同方式。因此，有人断言，黄金是世界上第一种全球货币。

1792年，美国颁布《铸币法案》，将白银非货币化。1900年，金元被宣布为标准的记账单位，并为所发行的纸币建立了黄金储备。

1844年，英国《银行特许法》规定英格兰银行纸币由黄金支持，这成为法定标准。这一法案标志着，在该时期，英国货币建立了比较完全的金本位。

在货币交易中需要一个坚实的基础，这使得金本位制被较快地接受。

19世纪末，部分银本位国家开始将银币单位与英国或美国的金本位制挂钩。

20.1.5 部分国家放弃金本位

到1913年底，古典金本位制达到顶峰，但第一次世界大战导致许多国家暂停或放弃它。

第一次世界大战期间，国际金本位制的崩溃对全球贸易产生了重大影响。

20世纪二三十年代，西方国家经济大萧条时期，在美国，对金本位制的坚持，被部分经济学家认为阻止了该国央行扩大货币供应以刺激经济，以及阻止了可能为扩张提供动力的财政赤字提供资金。而一旦脱离金本位，就可以自由地从事货币创造。部分经济学家还声称，金本位限制了该国央行扩大货币供应量的能力，从而限制了货币政策的灵活性。这些观点是否正确，不得而知。

另外，与金本位制不同的是，在 19 世纪 60 年代至 20 世纪 20 年代，存在几种超国家货币：本国货币固定为面值，并在参与国间被相互接受为法定货币。其中，拉丁货币与法国法郎挂钩，主要在讲罗曼语的欧洲国家使用。但也存在其他区域性货币，如与瑞典克朗挂钩，由 Scandinavian 货币联盟的北欧国家使用的货币。

1931 年，英国、德国、奥地利等欧洲国家脱离金本位。

20.2 人民币

人民币是我国的法定货币，代码为 CNY，货币符号为 ¥。人民币单位是元，辅币单位是角、分。中国人民银行负责人民币的发行。

我国人民币已经发行了五套。第一套人民币从 1948 年 12 月 1 日起发行，一共 12 种面额。1955 年 3 月 1 日开始发行第二套人民币。1962 年 4 月 20 日起发行第三套人民币。1987 年 4 月 27 日开始发行第四套人民币。1999 年 10 月 1 日起发行第五套人民币，一共 8 种面额：1 角、5 角、1 元、5 元、10 元、20 元、50 元、100 元。

货币政策工具包括公开市场业务、存款准备金、央行贷款、利率政策、常备借贷便利、中期借贷便利、抵押补充贷款、定向中期借贷便利等。

我国推进汇率市场化改革。银行间外汇市场的人民币直接交易活跃，促进了双边贸易与投资。2022 年银行间外汇即期市场的人民币对各币种的交易量如表 20-1 所示。

2022 年，我国国内生产总值（GDP）为 1210207.2 亿元，经济实现正增长，经济运行稳定。

中国人民银行推行稳健的货币政策，保持流动性合理充裕，发挥结构性货币政策的工具牵引作用，推动贷款市场的报价利率改革，推进汇率的市场化改革，健全现代货币的政策框架，防控金融风险。

表 20-1　2022 年银行间外汇即期市场的人民币对各币种的交易量

单位：亿元人民币

币种	美元	欧元	日元	港元	英镑	澳元	新西兰元
交易量	542148.36	14395.75	2614.80	2352.68	362.55	318.52	95.10
币种	新加坡元	瑞士法郎	加元	马来西亚林吉特	俄罗斯卢布	南非兰特	韩元
交易量	103.59	152.38	288.71	4.95	41.91	1.36	46.52
币种	阿联酋迪拉姆	沙特里亚尔	匈牙利福林	波兰兹罗提	丹麦克朗	瑞典克朗	挪威克朗
交易量	1.58	33.19	0.01	0.28	6.80	19.93	5.40
币种	土耳其里拉	墨西哥比索	泰铢	柬埔寨瑞尔	哈萨克斯坦坚戈	蒙古图格里克	印度尼西亚卢比
交易量	1.07	0.01	22.16	0	0.04	0.01	19.16

数据来源：中国人民银行、中国外汇交易中心。

2022 年末，广义货币供应量（M2）余额为 266.4 万亿元，流通中货币（M0）余额为 10.5 万亿元。

国家外汇管理局公布，截至 2023 年 5 月，官方储备资产中，外汇储备 3.176508 万亿美元，黄金 6727 万盎司。2023 年 2～5 月官方储备资产如表 20-2 所示。

2022 年 12 月末，人民币各项存款余额为 258.4998 万亿元。2022 年人民币存款结构如表 20-3 所示。

2022 年 12 月末，社会融资规模存量为 344.21 万亿元。2022 年社会融资规模如表 20-4 所示。

表20-2 2023年2~5月官方储备资产

项目	2023年2月		2023年3月		2023年4月		2023年5月	
	亿美元	亿SDR	亿美元	亿SDR	亿美元	亿SDR	亿美元	亿SDR
1. 外汇储备	31331.53	23579.08	31838.72	23667.85	32047.66	23791.73	31765.08	23929.14
2. 基金组织储备头寸	108.22	81.44	109.15	81.14	109.32	81.16	107.73	81.15
3. 特别提款权	516.22	388.49	524.69	390.04	525.42	390.06	519.72	391.51
4. 黄金	1202.83	905.21	1316.53	978.66	1323.53	982.57	1321.52	995.52
	6592万盎司	6592万盎司	6650万盎司	6650万盎司	6676万盎司	6676万盎司	6727万盎司	6727万盎司
5. 其他储备资产	0.32	0.24	0.92	0.68	1.88	1.40	4.18	3.15
合计	33159.12	24954.46	33790.02	25118.37	34007.81	25246.92	33718.23	25400.47

数据来源：国家外汇管理局。

表 20-3　2022 年人民币存款结构

存款结构	12月末余额/亿元	同比增速/%	当年新增额/亿元	同比多增额/亿元
人民币各项存款	2584998	11.3	262633	65853
其中：住户存款	1203387	17.4	178372	79370
非金融企业存款	746574	7.2	50888	13311
机关团体存款	329814	5.9	18461	6387
财政性存款	50013	-0.7	-586	-6204
非银行业金融机构存款	238219	6.6	13841	-26265
境外存款	16991	10.8	1658	-746

数据来源：中国人民银行。

表 20-4　2022 年社会融资规模

社会融资规模	2022年12月末		2022年	
	存量/万亿元	同比增速/%	增量/亿元	同比增减/亿元
社会融资规模	344.21	9.6	320096	6689
其中：人民币贷款	212.43	10.9	209149	9746
外币贷款（折合人民币）	1.84	-17.4	-5254	-6969
委托贷款	11.24	3.4	3579	5275
信托贷款	3.75	-14.0	-6003	14071
未贴现的银行承兑汇票	2.66	-11.6	-3411	1505
企业债券	31.01	3.6	20508	-12358
政府债券	60.19	13.4	11757	-376
非金融企业境内股票融资	10.64	12.4	11757	-376
其他融资	10.24	8.6	8061	-5570
其中：存款类金融机构资产支持证券	1.99	-8.6	-1862	-4643
贷款核销	7.34	16.3	10269	-30

数据来源：中国人民银行。

20.3 美元

美元,代码为USD。1792年美国的《铸币法案》引入了美元,将1美元分为100美分,并授权铸造以美元和美分计价的硬币。美国的纸币以联邦储备券的形式发行。美国的货币政策由作为美央行的联邦储备系统执行。

美元于1792年最初采用了金银复本位制,1美元相当于371.25 grains(24.057克)银,或自1837年起,1美元相当于23.22 grains(1.505克)金,或每金衡盎司20.67美元。其中1金衡盎司为31.1034768克。1900年美国的《金本位法》将美元与黄金挂钩。自1934年起,它被修订为每金衡盎司为35美元。1971年,"尼克松冲击"突然结束了美元对黄金的兑换,此后美元在外汇市场上自由浮动。美元纸币如图20-5所示。

图20-5 美元纸币

美元在第一次世界大战后,成为国际储备货币之一,并在第二次世界大战即将结束时通过《布雷顿森林协定》取代英镑成为世界主要储备货币之一。美元是国际交易中使用较广泛的货币。

截至2023年4月,美国广义货币供应量(M2)为20.6731万亿美元,流通中货币(M0)为2.3232万亿美元。美联储货币存量指标如表20-5所示。

表 20-5 美联储货币存量指标

单位：十亿美元

日期	季节性调整		货币基础			未经季节调整		备忘录：储备		
	M1	M2	流通货币	储备余额	合计	M1	M2	总储备	总计借款	非借入准备金
2021年12月	20494.8	21549.3	2225.1	4187.9	6413.0	20577.8	21646.7	4187.9	38.0822	4149.9
2022年1月	20506.7	21562.4	2232.7	3871.1	6103.8	20541.6	21628.8	3871.1	32.0551	3839.1
2022年2月	20534.5	21571.1	2235.4	3804.5	6039.9	20521.2	21583.1	3804.5	28.7146	3775.8
2022年3月	20665.1	21698.2	2259.7	3874.7	6134.4	20802.6	21856.3	3847.7	26.2058	38485.0
2022年4月	20651.4	21677.7	2269.7	3615.4	5885.1	20820.8	21848.6	3615.4	23.9603	3591.4
2022年5月	20639.2	21665.7	2273.6	3317.9	5591.5	20543.3	21552.3	3317.9	21.8827	3296.0
2022年6月	20607.9	21666.5	2278.0	3228.4	5506.4	20541.1	21578.3	3228.4	21.4225	3207.0
2022年7月	20588.7	21703.8	2278.5	3258.7	5537.2	20483.2	21578.4	3258.7	19.5409	3239.1
2022年8月	20479.4	21660.0	2276.3	3305.9	5582.2	20395.0	21552.8	3305.9	18.7552	3287.2
2022年9月	20279.9	21524.2	2279.4	3131.4	5410.8	20247.0	21474.0	3131.4	20.2934	3111.1
2022年10月	20098.1	21432.1	2283.9	3055.7	5339.6	20058.3	21387.7	3055.7	19.8275	3035.9

(续表)

日期	季节性调整		货币基础			未经季节调整		备忘录：储备	
	M1	M2	流通货币	储备余额	合计	M1	M2	总储备	总计借款	非借入准备金
2022年11月	19964.4	21398.7	2292.5	3126.2	5418.7	19965.1	21400.8	3126.2	19.1779	3107.0
2022年12月	19821.0	21358.1	2298.1	3107.3	5405.4	19879.8	21433.1	3107.3	17.3004	3090.0
2023年1月	19560.1	21212.6	2298.5	3029.9	5328.4	19590.5	21280.9	3029.9	15.7187	3014.2
2023年2月	19327.8	21076.9	2299.3	3021.8	5321.1	19332.0	21113.2	3021.8	15.6055	3006.2
2023年3月	18964.5	20840.3	2312.6	3258.4	5571.0	19103.4	21006.2	3258.4	215.3379	3043.1
2023年4月	18629.2	20673.1	2323.2	3269.5	5592.7	18781.6	20827.1	3269.5	329.6616	2939.8

数据来源：Federal Reserve。

美国《联邦储备法》在 1913 年创建了联邦储备系统作为美国的央行。它的任务是执行货币政策，以促进经济中的最大就业、稳定价格和适度的长期利率。它的任务还包括促进金融系统的稳定和监管金融机构，并充当最后的贷款人。

美国的货币政策由联邦公开市场委员会执行，该委员会由联邦储备委员会的 7 位委员和 12 家联邦储备银行中的 5 位总裁组成。货币政策是指一国央行采取的行动，这些行动决定了经济中可用货币供应量的规模和增长率，并将实现低通货膨胀、低失业率和稳定的金融系统等预期目标。货币供应量涉及 M0、M1、M2 等。

20.4　欧元

欧元，代码为 EUR。欧元由位于德国法兰克福的欧洲央行和欧元系统（由欧元区国家的央行组成）管理和经营。

1999 年 1 月 1 日，欧盟的 11 个国家固定汇率，在欧洲央行下采取共同货币政策，并推出欧元作为新的共同货币。欧元最初是金融市场使用的一种电子货币，用于无现金支付。3 年后，欧元纸币和硬币开始流通，并进入欧盟民众的口袋。欧元现金直到 2002 年 1 月 1 日才被引入，当时它以固定汇率取代了比利时法郎和德国马克等本国货币的纸币和硬币。欧元纸币如图 20-6 所示。

图 20-6　欧元纸币

目前，欧元是 20 个欧盟成员国的法定货币。欧盟成员中以欧元为其通用货币和唯一合法货币的国家组成了欧元区，安道尔、摩纳哥、圣马力诺和梵蒂冈等国家也在欧洲共同体等正式安排的基础上使用欧元。现在有 3.4 亿人使用同一种货币支付现金，欧元纸币和硬币已成为欧洲一体化的有形象征。它是世界上重要的货币之一，欧洲央行受托保护欧元价值。使用欧元的欧盟成员国如表 20-6 所示。

表 20-6 使用欧元的欧盟成员国

国家	加入欧盟时间	采用欧元时间
奥地利	1995 年	1999 年（自 2002 年起现金）
比利时	1957 年	1999 年（自 2002 年起现金）
克罗地亚	2013 年	2023 年
塞浦路斯	2004 年	2008 年
爱沙尼亚	2004 年	2011 年
芬兰	1995 年	1999 年（自 2002 年起现金）
法国	1957 年	1999 年（自 2002 年起现金）
德国	1957 年	1999 年（自 2002 年起现金）
希腊	1981 年	2001 年（自 2002 年起现金）
爱尔兰	1973 年	1999 年（自 2002 年起现金）
意大利	1957 年	1999 年（自 2002 年起现金）
拉脱维亚	2004 年	2014 年
立陶宛	2004 年	2015 年
卢森堡	1957 年	1999 年（自 2002 年起现金）
马耳他	2004 年	2008 年
荷兰	1957 年	1999 年（自 2002 年起现金）

（续表）

国家	加入欧盟时间	采用欧元时间
葡萄牙	1986 年	1999 年（自 2002 年起现金）
斯洛伐克	2004 年	2009 年
斯洛文尼亚	2004 年	2007 年
西班牙	1986 年	1999 年（自 2002 年起现金）

数据来源：欧盟理事会和欧洲理事会官网。

欧元纸币和硬币是欧元区的法定货币，现金是欧元区所有人都可以直接使用的公共货币。欧洲央行和欧元区各国央行（欧元系统），与银行业一起，确保现金的顺利供应并促进人们和企业使用现金进行支付。30%～50%的欧元纸币在欧元区以外流通。欧洲央行声称，如果将来要发行数字欧元，它将与现金一起使用。

使用欧元的欧盟成员国的固定欧元兑换率如表 20-7 所示。

表 20-7　固定欧元兑换率

欧元	货币
1	BEF 40.3399（比利时法郎）
1	DEM 1.95583（德国马克）
1	EEK 15.6466（爱沙尼亚克朗）
1	IEP 0.787564（爱尔兰镑）
1	GRD 340.750（希腊德拉克马）
1	ESP 166.386（西班牙比塞塔）
1	CYP 0.585274（塞浦路斯镑）
1	FRF 6.55957（法国法郎）
1	HRK 7.53450（克罗地亚库纳）
1	ITL 1936.27（意大利里拉）

(续表)

欧元	货币
1	LVL 0.702804（拉脱维亚拉特）
1	LTL 3.45280（立陶宛立特）
1	LUF 40.3399（卢森堡法郎）
1	MTL 0.429300（马耳他里拉）
1	NLG 2.20371（荷兰盾）
1	ATS 13.7603（奥地利先令）
1	PTE 200.482（葡萄牙埃斯库多）
1	SIT 239.640（斯洛文尼亚托拉尔）
1	SKK 30.1260（斯洛伐克克朗）
1	FIM 5.94573（芬兰马克）

数据来源：欧盟理事会和欧洲理事会官网。

欧洲央行制定货币政策，实施银行监管，以确保欧元安全稳定，从而可以作为有效的价值储存手段。支付系统和纸币使欧元成为可靠的交换媒介。欧元目前是外汇市场上交易量仅次于美元的第二大货币。

20.5 数字货币

根据 CoinMarketCap 统计，截至 2023 年 6 月，全球加密货币有 25438 种，加密货币交易所有 638 个。全球加密货币总市值为 1.099 万亿美元，比特币占 46.59%，以太币占 20.12%。24 小时交易量为 374.28 亿美元。

根据央行的数据，截至 2021 年 5 月，美元流通中货币（现金）为 2.1695 万亿美元。截至 2021 年 6 月，人民币流通中货币（现金）为 8.434697 万亿元人民币，按 1 美元对 6.4650 元人民币汇率计算，合 1.30467 万亿美元。而截至 2023 年 6 月，全球加密货币总市值为 1.301 万亿美元，总量已与人民币流通中货币、美元流通中货币等较为接近。

根据 Statista 统计，截至 2021 年 7 月，全球区块链钱包用户数量为 7406 万。

一种比特币 ATM 机如图 20-7 所示。

图 20-7 一种比特币 ATM 机

比特币等加密货币能否最终成为一种全球货币，尚待进一步发展、验证。

第 21 章　国际新货币体系

国际货币体系是一套国际商定的规则、公约和支持机构，它促进了国际贸易、跨境投资和在拥有不同货币的国家之间的资本重新分配。为了成功运作，它需要激发人们的信心，为国际贸易提供足够的流动性，并提供可以纠正全球不平衡的手段。该体系可以作为各种经济体间众多协议的集合而有机地发展。

全球数字货币和区块链技术的创新，是否会引起国际货币体系的新发展，不禁引人深思。

21.1　国际货币体系演变

纵观历史，黄金和白银等贵金属在贸易中一直充当货币的角色。

当一个国家取得区域霸权时，该国货币就成为国际贸易的基础，因此也逐渐影响到事实上的货币体系。

而当新的大国在世界经济舞台上的权重不断增大，各国货币在世界经济中的影响力不断变化时，也将催生、重塑新的国际货币体系。

21.1.1　双贵金属时代

1870 年前，国际货币体系由双贵金属组成，其中金币和银币都被用作国际支付方式。货币之间的汇率由单位货币所值黄金或白银量的比率换算决定。一些国家采用金本位制或银本位制。

21.1.2　金本位制

金本位制下，根据特定数量的黄金来固定货币的价值，或将货币与这样做的国家货币挂钩，本币可以按固定价格自由兑换为黄金。由于每种货币都以黄金计价，因此金本位制国家的货币与货币之间的汇率也是固定的。

金本位制可防范货币当局滥用并过度发行纸币造成价格上涨。它通过提供固定的汇率模式，在国际贸易中创造了一定的确定性。

但金本位制可能无法为货币供应提供足够的灵活性，因为新开采的黄金供应与世界经济增长对货币的需求并不匹配。

21.1.3 布雷顿森林体系

在 1944 年《布雷顿森林协定》之后，布雷顿森林体系（Bretton Woods System）的货币管理，为美国、加拿大、澳大利亚和日本等国家之间的商业和金融关系制定了规则。布雷顿森林体系是一个旨在管理独立国家间货币关系而充分协商货币秩序的体系。

在布雷顿森林体系下，黄金是美元的基础，其他货币与美元的价值挂钩。

1944 年，当时第二次世界大战仍在进行，来自 44 个国家的代表聚集在美国新罕布什尔州布雷顿森林的华盛顿山酒店，参加联合国货币金融会议，也称为布雷顿森林会议。当时，签署了布雷顿森林协议。这些协议建立了一个规则、机构和程序系统，以规范国际货币体系；建立了国际货币基金组织（IMF）和国际复兴开发银行（IBRD），该银行现在是世界银行集团的一部分。

参与国实施受监管的固定汇率体系，间接受到与黄金挂钩的美元的约束。

国际货币基金组织和国际复兴开发银行的协议条款中规定的布雷顿森林体系的规则，规定了固定汇率制度。这些规则进一步试图鼓励一个开放的体系，让成员国承诺各自的货币可以兑换成其他货币，并鼓励自由贸易。挂钩汇率的货币制度，成员国被要求建立本国货币与储备货币的平价，并通过干预外汇市场，即购买或出售外国货币，将汇率维持在平价的±1%区间内。

理论上，储备货币将可能是英国经济学家凯恩斯提出的 Bancor，然而，美国对此表示反对，因此美元最终成为储备货币。这意味着，其他国家将其货币与美元挂钩，将购买和出售美元，以保持市场汇率在平价的±1%区间内。因此，美元在某种意义上取代了黄金在金本位制下在国际金融体系中发挥的作用。

同时，为了增强对美元的信心，美国单独同意以每盎司35美元的价格将美元与黄金挂钩。按照这个汇率，外国政府和央行可以用美元兑换黄金。布雷顿森林会议建立了一个以美元为基础的支付体系，该体系将大多数货币与美元联系起来，声称美元本身可兑换成黄金。大多数参与"二战"的欧洲国家都债台高筑，并将大量黄金转移到美国，这一事实促成了美国的所谓霸主地位。

纽约联邦储备银行的金库建于20世纪20年代初，位于纽约曼哈顿主要办公楼的地下室。金库为账户持有人提供了一个安全的位置来存储他们的货币黄金储备。纽约联邦储备银行代表账户持有人担任黄金的监护人和保管人；账户持有人包括美国政府、外国政府、其他国家的央行和官方国际组织。截至2019年，金库内装有约497000根金条，总重量约为6190美吨（1美吨=907.185千克）；金库拱顶能够支撑这个重量，因为它位于曼哈顿岛的基岩上，低于街道水平80英尺，低于海平面50英尺。

1945年12月，国际货币基金组织正式成立。它成为规则的维护者和国际公共管理的主要工具。任何超过10%的汇率变化都需要国际货币基金组织批准。

1971年8月，美国单方面终止了美元与黄金的可兑换性，结束了布雷顿森林体系。1971年12月，在华盛顿特区史密森学会大厦举行会议，十国集团签署了史密森协议。美国承诺将美元与黄金在38美元/盎司挂钩，并有2.25%的交易区间。1976年，牙买加协议正式批准彻底终结布雷顿森林体系，到20世纪80年代初，大多数工业化国家都在使用浮动汇率货币。

21.1.4 货币霸权

货币霸权是一个经济和政治概念，其中一个国家对国际货币体系的功能有决定性影响。货币霸权需要获得国际信用、外汇市场主导地位及在世界经济计算的记账单位权力等。

国际货币体系见证了两个货币霸权——英镑和美元。"二战"结束后，货币权力集中在基本没有受到战争伤害的美国手中。美国从"二战"中脱颖而出，其愿景是经济上的相互依存。通过消除和减少贸易壁垒和障碍，来创造出口盈余。通过贸易开放、金融杠杆，建立战后货币体系。

20世纪60年代，布雷顿森林体系允许美国通过黄金非货币化和负债融资的双重过程，为国际收支赤字提供资金。

20世纪70年代，布雷顿森林体系终止，取消美元兑黄金，使美国外交政策不再受金融体系的制约。

后布雷顿森林体系时代，美国发展战略是以出口为导向的增长。美国通过汇率、资本控制、其他国家对美国的储备资产债权形式等多重方式，支持发展。在某种意义上，亚洲、欧洲国家等外部国家，为美国的国际收支赤字提供了资金。

美国通过美元霸权形式支持其发展，这是国际经济秩序中的不平等。

21.2　特别提款权

特别提款权（SDR）是一种国际储备资产，由国际货币基金组织于1969年创建，以补充成员国的官方储备。特别提款权的价值是基于以下五种货币的篮子：美元、欧元、人民币、日元和英镑。

特别提款权是在布雷顿森林固定汇率制度的背景下作为一种补充国际储备资产而设立的。布雷顿森林体系结束后，主要货币转向浮动汇率制度。特别提款权的分配可以在提供流动性和补充成员国的官方储备方面发挥作用。

特别提款权是国际货币基金组织和其他国际组织的记账单位。特别提款权既不是一种货币，也不是对国际货币基金组织的债权，是对国际货币基金组织成员可自由使用的货币的潜在要求。特别提款权可以与这些货币进行兑换。

特别提款权的单位价值最初被定义为相当于0.888671克纯金，在当时相当于1美元。布雷顿森林体系结束后，特别提款权被重新定义为一篮子货币。

列入特别提款权篮子的货币必须满足两个标准：出口国标准和自由使用标准。如果一种货币的发行者是国际货币基金组织成员或包括国际货币基金组织成员的货币联盟，同时是世界五大出口国之一，那么它就符合出口国标准。一种货币要被国际货币基金组织确定为可自由使用，就必须广泛用于国际交易的支付,并在主要外汇市场上广泛交易。可自由使用的货币可以在基金组织的金融交易中使用。

特别提款权篮子每5年审查一次,或在必要时提前审查,以确保特别提款权篮子反映国际贸易和金融体系中货币的相对重要性。审查内容包括特别提款权估值方法的关键要素,包括选择特别提款权篮子货币时使用的标准,以及确定特别提款权篮子中每种货币的数额(单位数)使用的初始货币权重。这些货币数额在5年的特别提款权估价期内保持固定,但篮子中货币的实际权重会随着货币之间的交叉汇率变动而波动。特别提款权的价值每天根据市场汇率确定。

特别提款权的货币权重如表21-1所示。

表21-1 特别提款权的货币权重

货币	2022年审查确定的权重/%	货币单位的固定价值,为期5年(自2022年8月1日起)
美元	43.38	0.57813
欧元	29.31	0.37379
人民币	12.28	1.0993
日元	7.59	13.452
英镑	7.44	0.08087

数据来源:国际货币基金组织。

在2015年11月结束的审查中,国际货币基金组织理事会决定,人民币符合纳入特别提款权篮子的标准,自2016年10月1日起生效。中国国债的三个月基准收益率被纳入特别提款权利率(SDRi)篮子。

21.3 央行数字货币

国际清算银行2021年1月的报告表明,65个经济体的央行中,约86%已开启研究、探索央行数字货币(CBDC)的好处和缺点,并积极开展某种形式的央行数字货币工作。最近,各大央行发表了大量对相关政策问题的深入评估，并测试了各种设计。央行数字货币研究，正在从概念研究进展到实验阶段。

央行数字货币以数字形式提供独特的优势：结算的确定性、流动性和完整性。这是数字经济中货币的一种高级形式。数字货币的设计应考虑到公众利益。就像新一代即时零售支付系统一样，央行数字货币可以确保开放的支付平台和有利于创新的竞争性公平环境。央行数字货币以国家记账单位计价。央行数字货币可分为两种：一种是在金融中介机构中使用的批发型央行数字货币，另一种是在更广泛的经济体中使用的零售型央行数字货币。

央行数字货币由央行直接发行和管理，可以由个人、企业和金融机构等使用。

21.3.1　数字人民币

2014 年，中国人民银行成立法定数字货币研究小组，中国人民银行是世界各国中较早开展数字货币研究的央行。

数字人民币的资金流向如图 21-1 所示。

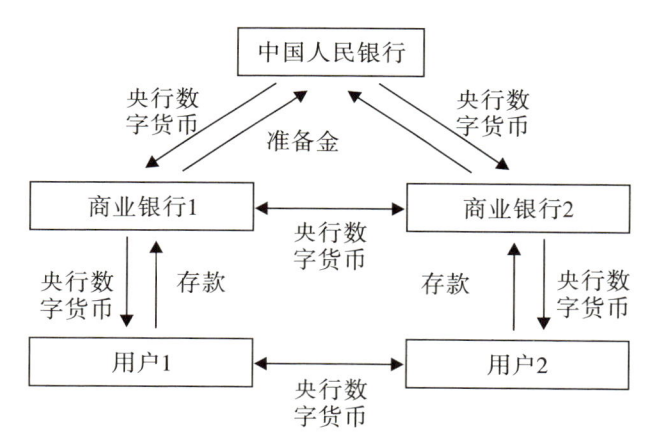

图 21-1　数字人民币的资金流向

数字人民币的研发背景包括：数字经济发展需要建设适应时代需求、安全普惠的新型零售支付基础设施，现金的功能和使用环境正在发生深刻变化，加密货币特别是全球性稳定币发展迅速，国际社会高度关注并开展央行数字货币研发；数字人民币是中国人民银行发行的数字形式的法定货币，具备货币的价值尺度、交易媒介、价值储存等功能；采取中心化管理、双层运营，主要定位于现金类支付凭证 M0，是一种零售型央行数字货币，在未来的数字化零售支付系统中，数字人民币和指定运营机构的电子账户资金具有通用性，共同构成现金类支付工具；数字人民币设计坚持依法合规、安全便捷、开发包容原则，兼具账户和价值特征，不计付利息，低成本，支付即结算，可控匿名（小额匿名、大额依法可溯），安全，可编程；数字人民币运营体系的设计，采用双层运营模式，央行发行法定数字货币，指定运营机构负责兑换和流通交易；数字人民币钱包按客户身份识别强度分为不同等级，按开立主体分为个人钱包和对公钱包，按载体分为软钱包、硬钱包，按权限归属分为母钱包、子钱包；数字人民币的技术路线采用分布式、平台化设计，长期演进、持续迭代，设计多点多活数据中心解决方案，综合集中式和分布式的混合技术架构；数字人民币应用场景包括生活缴费、餐饮服务、交通出行、购物消费等，可以开立个人钱包、对公钱包进行交易。

未来，将继续稳妥有序推进数字人民币的研发试点工作，研究完善相关制度，加大货币政策、金融体系、金融稳定性等重大问题研究，推动数字货币发展。

21.3.2 数字美元

美联储表示，其央行货币传统上有两种形式，即现金和合格的金融机构在央行持有的储备。CBDC 是第三种形式的货币。可以使用电子记录或数字代币来代表货币的数字形式。

到目前为止，美联储还没有就是否在美国支付系统中发行 CBDC 做出决定。美联储表示，将继续充分参与 CBDC 的研究和政策制定。美联储专注于更好地了解数字货币技术和它们的潜力，以及与 CBDC 相关的政策问题。波士顿联邦储备银行正在进行与 CBDC 相关的项目。美联储正在与国际上的团体进行合作，如国际清算银行的 CBDC 联盟。

数字美元将是一种以数字形式发行的新型央行货币，供公众使用。CBDC 将减少甚至消除支付、清算和结算方面的运营和财务效率低下问题或其他摩擦。CBDC 的引入可能为美国零售支付的创新和竞争提供重要基础。数字化以及中间商数量的减少，在提高跨境支付的透明度和减少跨境支付所需的成本、时间方面具有相当大的潜力。

CBDC 是补充而不是取代货币和银行账户。CBDC 的设计需要既可保护家庭支付交易隐私，又能防止和追踪非法活动，以维护金融系统的完整性。亚特兰大联邦储备银行启动了一项公私部门合作计划，并以支付包容性特别委员会的形式，确保以现金为基础的弱势群体能安全地使用数字支付并从中受益。

美联储的多学科团队正在调查与支付、清算和结算方面的数字创新相关的技术和政策问题。联邦储备委员会的技术小组则对货币、支付和数字货币的潜在未来状态进行实践研究和实验。波士顿联邦储备银行与麻省理工学院（MIT）的数字货币计划开展合作项目，使用领先的技术设计构建和测试一个数字货币平台，旨在研究 CBDC 核心系统的可行性，研究分布式交易吞吐量，并探索弹性计算、隐私保护和反洗钱功能等对性能和设计的影响。

21.3.3 数字欧元

数字欧元旨在保证欧元区的公民可以免费获得一种简单、普遍接受、安全和值得信赖的支付方式。数字欧元仍然是欧元，就像纸币一样，但是是数字化的。它是欧洲央行和欧元区的国家央行发行的一种电子货币，所有欧元区公民和公司都可以使用。数字欧元不会取代现金，而是对现金的补充。欧元系统将继续确保在整个欧元区都能获得现金。数字欧元将使人们在支付方式上有更多的选择，从而实现可及性和包容性。

数字欧元旨在成为一个快捷、简单和安全的日常支付工具，支持欧洲经济的数字化，并积极鼓励零售支付的创新。欧洲央行和欧元区的国家央行正在探索其中的好处和风险。

数字欧元将结合数字支付工具的效率和央行货币的安全性，避免形成对欧元区以外的数字支付手段的依赖。保护隐私将是一个关键的优先事项，数字欧元能帮助维持数字时代的支付信任。

人们已经在以下几个领域进行了实验：数字欧元分类账、隐私和反洗钱、对流通中的数字欧元的限制、终端用户在未连接互联网的情况下访问并通过适当的设备促进包容性等。

2021 年 7 月，欧元系统启动了一个数字欧元项目，调查数字欧元将可能是什么样子，并研究如何设计及分配数字欧元，以及它对市场的影响和可能面对的立法方面的变化。然后，与可以提供技术和支付服务的银行和公司合作，创建和测试可能的解决方案。

数字欧元制定了一些基本要求，如容易获得、安全、高效、隐私和合法。任何形式的数字欧元，都会得到其央行的保护和监管。

21.4 数字稳定币

稳定币是一种加密货币，稳定币的价格旨在与某种或某几种组合的加密货币、法定货币、交易所的商品如贵金属挂钩。

普通加密货币市场行情波动较大，导致其无法成为理想的交换媒介，在结算时，普通加密货币价值可能较大幅度高于或低于一段时间之前的价值。而稳定币就是针对这样的问题而产生的。稳定币与某种或某几种法定货币组合成一篮子货币，或与黄金等贵金属挂钩锚定，防止大幅波动，试图成为一种价值较为恒定的交换媒介，即类似于所谓的公允的结算货币。

稳定币试图提供一种价格稳定并由储备资产支持的加密货币，即旨在既获得加密货币支付的即时处理和安全性，又获得法定货币的稳定估值特性。

有法定货币支持的加密货币是最常见的，也是市场上的第一类稳定币。它们的特点是，它们的价值以固定比率与一种或多种货币如美元、欧元、瑞士法郎等挂钩。USDT、USDC、TUSD 等就是这类稳定币。

稳定币瞄准日常支付，由于其价值较为恒定，所以有望成为一种普通加密货币交易、数字化交易或与法定货币兑换的交换媒介。

稳定币的缺点是，需要一个机构持有所锚定的标的资产，如美元、其他法定货币或黄金，并且是足额的储备资产，以作为保持稳定币价值的等价抵押物。对持有机构合规性运营的依赖，削弱了稳定币的去中心化特性，同时引入了风险。如何解决稳定币合规、监管和风险问题，有待进一步观察和研究。

21.4.1 数字稳定币 Top10

根据 CoinMarketCap 统计，目前，稳定币有 144 种。按市值大小排名，前 10 位分别为 USDT、USDC、BUSD、DAI、TUSD、USDP、USDD、GUSD、USTC、FRAX。

在稳定币中居首位的 USDT，市值达 833.94 亿美元。排第二位的 USDC，市值达 283.76 亿美元。

21.4.2 从 Libra 到 Diem

在稳定币中，尚在计划中的 Libra 曾引起广泛的关注和争议。

在 2020 年 12 月之后，Libra 更名为 Diem。Diem 是一种基于区块链的许可支付系统。Diem 声称旨在实现一个简单的支付系统和金融基础设施，将提供由现金或现金等价物和较短期政府证券组成的资产储备支撑的 Diem 币。

Diem 支付系统将支持单一货币稳定币，如美元、欧元、英镑等，以及由多货币组合的稳定币。

Diem 声称每个单一货币的稳定币将由储备金 1∶1 支持，储备金将包括现金或现金等价物以及以相关货币计价的较短期政府证券。

多货币组合的稳定币，是多个单一货币稳定币的数字组合，被定义为固定的名义权重，如参考国际货币基金组织所维护的特别提款权。

Diem 的使用者被要求提供不同形式的抵押品以保护 Diem 的价值，足额抵押品对稳定价值至关重要。Diem 将存储于计划中的 Novi 钱包，该钱包可能被集成于一些已在广泛使用的产品中，如 WhatsApp、Messenger。Diem 将依托社交 App，在这些 App 已有的庞大用户群基础上提供金融支付服务。由于这些原有产品已经有海量的用户，所以 Diem 即使尚未正式推出，也引起了广泛的关注。

Diem Core 是开源代码，使用 Rust 语言，另外计划推出 Move 程序语言，以支持智能合约。

在稳定币的实际运行中，有些稳定币曾面临无法为储备提供审计的质疑。这无疑让人担忧稳定币的背后，是否有足量的资产来支撑与其挂钩的标的物来稳定兑换。Diem 引起了美国央行、立法机关和监管部门的担忧，他们认为 Diem 可能会与传统货币竞争，重塑零售支付格局，进而影响美元的地位。Diem 能否实现蓝图计划，还有待观察。

21.5　全球储备货币

储备货币，是由央行或其他货币当局作为外汇储备的一部分而持有的外国货币。储备货币可用于国际交易、国际投资和全球经济等方面。

19 世纪和 20 世纪上半叶，英国的英镑是部分国家和地区占比较大的储备货币。然而，到 20 世纪末，美元已成为一种占比较大的储备货币。

国际货币基金组织定期公布官方外汇储备的货币构成（COFER）。个别国家的 COFER 数据是严格保密的，目前有 149 个报告实体。

官方外汇储备的货币构成如表 21-2 所示。

表 21-2　官方外汇储备的货币构成

单位：百万美元

货币构成	2021 年第四季度	2022 年第一季度	2022 年第二季度	2022 年第三季度	2022 年第四季度
外汇储备总额	12919378.77	12542508.73	12032644.11	11618733.98	11962885.40
分配的储备额	12049603.54	11681920.37	11171855.01	10772295.68	11088964.50
美元	7085012.34	6875000.55	6652956.57	6441177.45	6471276.78
欧元	2481340.13	2342148.93	2207594.47	2117961.21	2270362.73
人民币	337259.79	335709.58	317501.51	296029.17	298435.40
日元	665102.97	630052.24	577884.61	566824.19	610853.65
英镑	579381.73	571969.73	542125.46	497727.66	548681.23
澳元	221321.10	222332.71	209754.39	206050.63	217517.13
加元	286932.08	287318.51	277630.18	263965.89	263682.91
瑞士法郎	20788.75	29479.21	27631.20	24777.92	25308.23
其他货币	372464.65	387908.91	358776.62	357781.56	382846.44
未分配的储备额	869775.23	860588.36	860789.10	846438.30	873920.90

数据来源：国际货币基金组织。

官方外汇储备的货币构成份额如表 21-3 所示。

表 21-3 官方外汇储备的货币构成份额（%）

货币构成份额	2021年第四季度	2022年第一季度	2022年第二季度	2022年第三季度	2022年第四季度
已分配储备份额	93.27	93.14	92.85	92.71	92.69
其中：美元份额	58.80	58.85	59.55	59.79	58.36
欧元份额	20.59	20.05	19.76	19.66	20.47
人民币份额	2.80	2.87	2.84	2.75	2.69
日元份额	5.52	5.39	5.17	5.26	5.51
英镑份额	4.81	4.90	4.85	4.62	4.95
澳元份额	1.84	1.90	1.88	1.91	1.96
加元份额	2.38	2.46	2.49	2.45	2.38
瑞士法郎份额	0.17	0.25	0.25	0.23	0.23
其他货币份额	3.09	3.32	3.21	3.32	3.45
未分配储备份额	6.73	6.86	7.15	7.29	7.31

数据来源：国际货币基金组织。

2022年第四季度官方外汇储备的货币构成份额如图21-2所示。

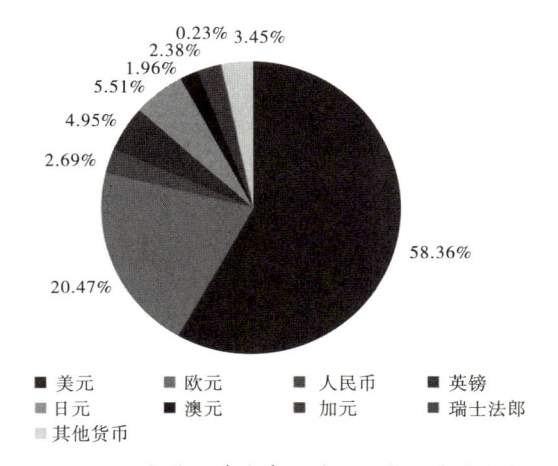

图 21-2 2022年第四季度官方外汇储备的货币构成份额

数据来源：国际货币基金组织。

21.5.1 人民币

截至 2023 年 6 月，人民币约占国际外汇储备的 2.69%，并且所占比重日益提高。

人民币符合纳入 IMF 特别提款权篮子的标准，自 2016 年 10 月 1 日起生效，截至 2023 年 6 月，人民币占 IMF 特别提款权货币篮子的 12.28%。目前，人民币是 IMF 特别提款权货币篮子中，和美元、欧元一起权重排在前列的储备货币。

随着中国经济的稳步、快速发展，人民币将在国际货币舞台上发挥越来越重要的作用。

21.5.2 美元

截至 2023 年 6 月，美元约占国际外汇储备的 58.36%。这使美国在某种程度上更容易出现较高的贸易赤字。

与非官方持有的这种债务相比，各央行的美元储备是较少的。如果以美元计价资产的非美国持有人决定将持有的资产转移到以其他货币计价的资产上，将会对美国经济产生严重影响。这种变化，通常是随着时间的推移逐渐发生的。

美元在全球储备货币中的地位经常受到质疑，美元的长期稳定性同样受到质疑。

21.5.3 欧元

截至 2023 年 6 月，欧元约占国际外汇储备的 20.47%。

当欧元于 1999 年 1 月 1 日推出，取代了德国马克、法国法郎和其他多种欧洲货币时，它从德国马克那里沿袭获得了部分储备货币的地位。从那时起，随着银行寻求储备的多元化，以及欧元区的贸易扩大，欧元在官方储备中稍有增长。

21.5.4 数字储备货币

一个拥有不止一种储备货币的世界，将会是一个更稳定、公平的世界；

通过多种储备货币，使得主流货币、数字货币分别占有一定份额，或会是一个更稳定、公平的货币体系。

世界上已经有多种储备货币，如人民币、美元、欧元等，而央行数字货币、数字稳定币、比特币、以太币等数字货币会不会是潜在的储备货币，还不得而知。

数字货币作为一种价值储存手段和对冲通胀的资产而存在。比起委内瑞拉、津巴布韦等国家因严重通胀，法币贬值形同废纸，比特币等数字货币在保值方面似乎更有优势。

比特币的闪电网络，允许参与者使用他们的数字钱包在彼此之间转移比特币而无须支付费用，即链下交易，加快了交易处理时间。该网络的目标是创建可以在用户之间进行支付而无须费用或延迟的渠道。通过允许交易在链下完成，处理时间和交易数量将得到改善。随着闪电网络的发展，比特币将实现它价值储存和支付手段的初衷。

21.6 国际货币竞争格局

货币霸权使得某些国家在不破坏储备货币地位的情况下无限量地印刷钞票，从而使该国继续保持巨额赤字，发展经济。但滥发货币，无疑在贬低其货币的价值，而其他国家在广泛持有该储备货币时，无疑其持有的外汇储备也在贬值。货币霸权国通过滥发货币收割了其他国家，这就是一种不平等、不公平。

货币霸权国在很大程度上是用印刷货币来换取真正的商品和服务。当流通中的货币超过了一个国家黄金储备的价值时，就意味着纸币没有黄金或白银等硬资产作为支撑。

当世界其他地区开始失去对货币霸权国能够继续支付巨额债务的信心，并采取实际货币政策行动措施时，可能会引发货币霸权国的金融危机、经济危机，货币霸权地位就可能结束。而新崛起的经济和金融大国的货币往往会逐渐主导跨境交易，并逐渐取得主导地位。

全球有影响力的货币纷纷竞争作为国际经济体系的主要支付、储备货币。货币国的优势地位，是建立、维护和稳定国际新秩序的必要条件。国际货币竞争胜出者将行使全球领导权,通过充当安全提供者和地缘政治稳定者,以及通过维护开放、互惠的国际经济,来促进全球合作共赢。

人民币、美元、欧元、数字货币,是不是新时代的国际货币竞争者?谁将最终胜出?让我们拭目以待。

第 22 章　国际新经济秩序

世界秩序经历了从两极到单极，并向多级发展的重大转变，兼具种族、地域和制度包容性的，开放、互惠和共赢的国际新秩序正在形成。

22.1　繁荣的中国经济

2022 年我国国内生产总值达 1210207.2 亿元人民币。2013—2022 年我国国内生产总值变化趋势如图 22-1 所示。

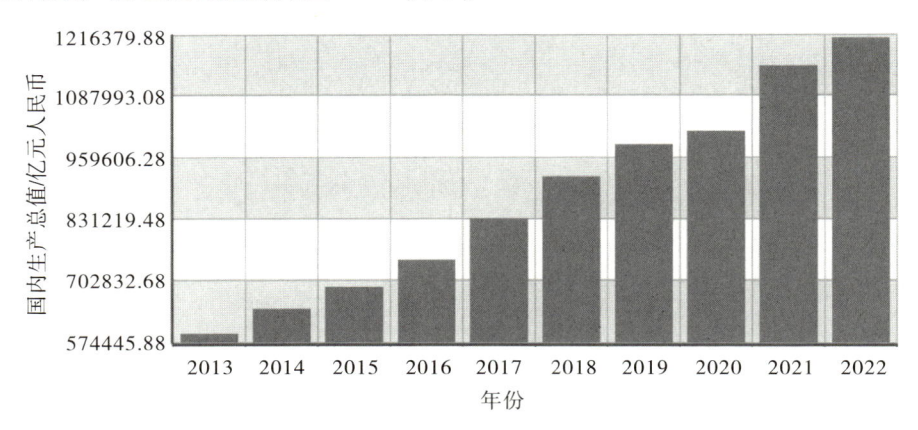

图 22-1　2013—2022 年我国国内生产总值变化趋势

数据来源：国家统计局。

按购买力平价（PPP）计算，我国国内生产总值在 2017 年就已经超过美国。中国国内生产总值在全球所有国家中居第一位，而且每年的增长速度远超美国和欧洲。

2022 年我国对外经济贸易出口总额为 3.59 万亿美元，进口总额为 2.72 万亿美元。2013—2022 年我国对外经济贸易值如图 22-2 所示。

2022 年，中国货物贸易进出口总值为 6.30 万亿元人民币，是全球货物贸易第一大国。

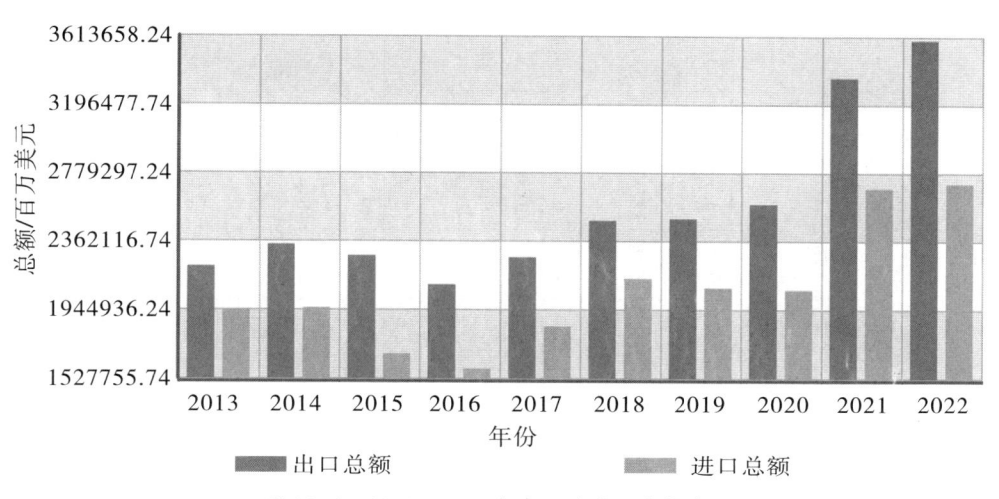

图 22-2　2013—2022 年我国对外经济贸易值

数据来源：国家统计局。

22.2　美国、欧元区、英国、日本等经济体的宏观经济指标

目前，美国、欧元区、英国、日本等经济体每年的 GDP 增长速度低于中国。主要发达经济体的宏观经济金融指标如表 22-1 所示。

22.3　数字货币时代的国际新秩序

由于创新性、分布性和便捷性，数字货币运作超出了地域的范围限制，具有全球性的特征和反霸权的潜力，数字货币的增长可能会削弱霸权货币的特权地位。当霸权货币被奉为全球储备货币时，则赋予了货币霸权国特权，货币霸权国可以通过印制更多货币和发行债务，以低利率增加巨额经常账户赤字。这实际造成了国际经济旧秩序的不平等。

表 22-1 主要发达经济体的宏观经济金融指标

经济体	指标	2021年第四季度			2022年第一季度			2022年第二季度			2022年第三季度			2022年第四季度		
		10月	11月	12月	1月	2月	3月	4月	5月	6月	7月	8月	9月	10月	11月	12月
美国	实际GDP增速（环比折年率，%）		7.0			-1.6			-0.6			3.2			2.9	
	失业率（%）	4.5	4.2	3.9	4.0	3.8	3.6	3.6	3.6	3.6	3.5	3.7	3.5	3.7	3.6	3.5
	CPI（同比，%）	6.2	6.8	7.0	7.5	7.9	8.5	8.3	8.6	9.1	8.5	8.3	8.2	7.7	7.1	6.5
	道琼斯工业平均指数（期末）	35136	34484	36338	35132	33893	34678	32977	32990	30775	32845	31510	28726	32733	34590	33147
欧元区	实际GDP增速（同比，%）		4.8			5.5			4.3			2.3			1.9	
	失业率（%）	7.3	7.1	7.0	6.9	6.8	6.8	6.7	6.7	6.7	6.6	6.7	6.7	6.6	6.6	6.6
	HICP综合物价指数（同比，%）	4.1	4.9	5.0	5.1	5.9	7.4	7.4	8.1	8.6	8.9	9.1	9.9	10.6	10.1	9.2
	EURO STOXX 50（期末）	4251	4063	4298	4175	3924	3903	3803	3789	3455	3708	3517	3318	3618	3965	3794
英国	实际GDP增速（同比，%）		8.9			10.7			4.0			1.9			0.4	
	失业率（%）	4.1	4.0	4.0	3.8	3.7	3.8	3.8	3.8	3.6	3.5	3.6	3.7	3.7	3.7	—
	CPI（同比，%）	4.2	5.1	5.4	5.5	6.2	7.0	9.0	9.1	9.4	10.1	9.9	10.1	11.1	10.7	10.5
	富时100指数（期末）	7238	7059	7385	7464	7458	7516	7545	7608	7169	7423	7284	6894	7095	7573	7452
日本	实际GDP增速（环比折年率，%）		4.4			-1.7			4.6			-1.0			0.6	
	失业率（%）	2.7	2.8	2.7	2.8	2.7	2.6	2.5	2.6	2.6	2.6	2.5	2.5	2.6	2.5	2.5
	CIP（同比，%）	0.1	0.6	0.8	0.5	0.9	1.2	2.5	2.5	2.4	2.6	3.0	3.0	3.7	3.8	4.0
	日经225指数（期末）	28893	27822	28792	27002	26527	27821	26848	27280	26393	27802	28092	25937	27587	27969	26095

数据来源：中国人民银行、各经济体相关统计部门及央行。

货币霸权国的地位，面临着潜在的挑战——来自世界范围内的、自下而上的技术创新——独立的加密货币。加密货币是一种数字资产，它被构建作为交换媒介，以密码学技术为前提，并具有较高的安全性。区块链的潜力远远超出最初用途，比特币的公共交易分类账代表了一种新的组织范式，用于发行、评估和转移加密货币资产，结合智能合约应用、去中心化自治组织等技术，可以在更大范围内协调组织活动。

加密货币的拥护者认为，加密货币提供了一种更经济、更快捷、更安全的资金流动方式；加密货币是潜在的霸权货币体系的替代品；传统体系下霸权货币持续贬值，引发经济秩序的不平等。比特币等加密货币具有反霸权的潜力，它可能会降低霸权货币主导的金融机构对全球经济的影响。这将大大增加货币霸权国的借贷成本，使负债累累的状况无法维持，从而消除旧秩序所提供的任何相对优势。

大多数新兴大国都希望国际货币体系更加公平，且不向货币霸权国倾斜，一个由有公信力的国际货币和数字货币组成的系统，比旧秩序中以霸权货币为基础的系统更加公平。

央行数字货币、加密货币、稳定币等将在全球蓬勃发展。同时，数字货币也要能抵御网络攻击、技术故障、欺诈风险等，只有在市场交易、网络攻击、计算技术进步等多种因素作用竞争中脱颖而出，才能大浪淘沙、堪当大任。

中国数字人民币的稳步发展，为人民币的国际化进一步夯实了基础。数字人民币在北京冬奥会期间供来自世界各地的境外游客使用，这是不是人民币走向国际化的契机？这会不会加速数字货币时代国际新秩序的构建？我们拭目以待。

22.4 国际新金融体系

全球顶尖的金融学家、计算机科学家、密码学家、技术企业家和众多互联网社区正致力于建立一个更加开放和包容的金融体系。主流国家、大型科技公司和广泛的加密社区正在创新、实现数字货币技术。数字货币具有全球性、开放性、联网性和实时性等特点，有可能重塑国际货币金融体系。

各国央行数字货币、全球加密货币、公共区块链等将成为金融基础设施重要的组成部分,将有助于为数字时代构建国际新金融体系和全球经济新架构,也将有助于创建一个更具包容性、高效、创新、安全、可靠的金融体系,并有助于为参与者创造财富和价值。

以太坊等加密货币及生态社区正在试图为互联网创建一个经济操作系统,旨在提供一个开放且不可变的记录保存、交易处理和分布式计算系统,就像互联网一样,没有公司或团体可以完全控制这些公共区块链。公共区块链意味着能以数字形式表示重要的记录和资产,并通过智能合约将交换和使用规则编成合约,这减少了中介,降低了成本并提供了较好的可审计性。公共区块链使创建全球稳定币成为可能,这是与法币或其组合挂钩的数字货币的数字化表示,可以在开放的互联网上使用和交换。

到2021年,全球大约有1/3的成年人口仍然没有银行账户,约有17亿人因某些过时、低效的金融体系而被抛在一边,全球亟须创建一个公平、开放、包容且适合数字时代的国际新金融体系。

随着对加密货币体验的改善,人们开始越来越了解该技术,交易平台的开发也非常注重提升用户体验。随着比特币、以太币等数字货币的生态系统持续扩张,众多加密货币平台开始涉足传统金融领域,使用案例呈指数级增长。加密货币不再仅是简单的投资选择,它们已用于从实时、低成本的汇款,到点对点融资、资产信托等多个方面。传统跨境转移资金缓慢且昂贵,而使用区块链后,交易成本极低,转移时间从几天缩短到几秒。随着越来越多的创新者、金融机构和监管机构参与,将有更多机会将数字货币、区块链技术融入传统金融领域,产生真正重大的有利影响,从而构建起国际新金融体系。

数字化是将信息从模拟形式转变为数字形式的过程,在货币方面,指的是创建货币的数字表示,或将货币转变为数字形式。支付服务是所有经济活动的基础,支付服务相对其他金融服务产生的信息有较高的价值。数字货币可以超越传统的实物现金,区块链可确保记录不可篡改,确保支付系统的完整性和安全性。

在一个分布式的数字货币系统中,支付的有效性取决于网络参与者之间就什么是有效的支付达成共识。在基于数字货币的系统中,为了让收款人对付款的有效性感到满意，必须识别被转移的资产是否合法有效，这可通过数字签名和验签等方式实现。在基于账户的系统中，要识别客户的真实身份、账户的归属性等。所有权和身份相关联，通过身份授权、身份识别和可追溯性，使得金融交易能安全进行。某种形式的识别对于支付系统的安全、防止欺诈、支持反洗钱等至关重要，在使用权和可追溯性之间进行权衡。

将新颖的数字技术与央行的法定地位、信任水平、法律支持等结合所产生的央行数字货币将在全球蓬勃发展。

全球超过80%的央行正在探索自己的加密货币，中国、美国、欧盟等经济体正在竞争在数字金融和去中心化区块链技术方面的领先地位，就像太空竞赛一样，央行数字货币的发展将影响每个行业的创新。

数字金融和货币体系正在利用去中心化的区块链技术实现金融市场的现代化，主要参与者包括全球各国的央行和世界上的大型金融机构，如中国、欧盟、英国、美国和澳大利亚等经济体的央行正在探索数字货币的潜在用例，数字货币的全球竞争正在升温。

分布式账本技术的广泛采用将从金融业扩展到其他垂直行业，如供应链、电子商务、数字艺术、股权交易、零售交易等诸多领域。

数字货币会使支付、结算和交易变得更简单，尤其是在全球贸易、跨境交易方面，它有可能改变当前机构在货币和支付方面所扮演的角色。世界超级大国正在酝酿一场激烈的金融技术竞赛，争夺在数字金融基础设施和技术方面的主导地位，刺激竞争性创新。我们不禁要问，究竟哪个强国将首先推出可行的解决方案来推动数字经济的发展？

第23章　大国崛起与民族复兴：可行的未来货币战略

我国可行的未来货币战略：建立金银本位的人民币货币体系、推动人民币成为全球货币、推动数字人民币成为全球结算货币、推动人民币成为全球储备货币、促使数字人民币成为全球数字经济的主要货币。

23.1　建立金银本位的人民币货币体系

黄金、白银等贵金属，由于稀有性和保值增值性，是世界民众历时数万年、贯穿人类文明史对财富达成的基本共识，是事实上的全球通货。

把握时机，适时增加中国官方、民间的黄金、白银储备，既可充实国库又可藏富于民。当中国的黄金、白银储备总量超越世界上其他国家并遥遥领先时，人民币就有巨额金银财富作为后盾，具有夯实的基础。以海量黄金、白银资产支撑货币体系，逐渐建立金银本位的人民币货币体系。

以国库的黄金和白银作为价值基础，可发行"人民币金元"和"数字人民币金元"。根据国库黄金、白银的储备总量和权衡国际金银价格，确定以每克黄金数元人民币的价格，将"人民币金元"和"数字人民币金元"与黄金挂钩。这样，人民币、数字人民币就有可量化的海量财富基础作为支撑，增强人民币、数字人民币在国际货币中的竞争力。

建立金银本位的人民币货币体系，将人民币和数字人民币的价值与金、银锚定，提升人民币和数字人民币在国际货币中的价值可信度，使其逐渐成为主流国际货币。

23.2　推动人民币成为全球货币

黄金是人民币、数字人民币的基础，其他货币与人民币、数字人民币的价值挂钩。推动人民币、数字人民币逐渐在全球市场上发挥基础货币的作用，推动人民币在全球经济中作为锚定货币。

以每克黄金数元人民币、数字人民币的价格，将人民币、数字人民币与黄金挂钩。按照这个汇率，外国央行可以用人民币、数字人民币兑换黄金。建立一个以人民币、数字人民币为基础的支付体系，该体系将大多数货币与人民币、数字人民币联系起来，人民币、数字人民币本身可兑换成黄金。

按购买力平价计算，中国国内生产总值在全球所有国家中居第一位，而且每年的增长速度远超美国和欧洲。随着中国在经济领域的全球主导地位的确立，人民币在全球货币中的地位会大幅提升。

推动人民币成为全球货币。大力发展数字人民币，推广应用，融入实体经济，在国际贸易的交易、结算中启用数字人民币，使人民币、数字人民币在国际货币中的权重不断增加，并逐渐成为主流国际货币。

23.3　推动数字人民币成为全球结算货币

中国是全球货物贸易第一大国。中国在全球贸易中的主导地位，能支撑起人民币、数字人民币成为全球结算货币。

依托中国在国际贸易中的主要地位，推动数字人民币成为全球结算货币，在国际贸易中履行计价和结算的职能。

推动数字人民币成为国际贸易计价标准，大力推进数字人民币作为全球结算货币在国际贸易中的使用。

23.4　推动人民币成为全球储备货币

随着中国经济对全球经济的驱动、引领、聚集效用，人民币、数字人民币将逐渐在全球范围成为一种价值储存手段和对冲通胀的资产，有利于推动人民币、数字人民币成为全球储备货币。世界各国将人民币、数字人民币用于国际交易、国际投资和全球经济等方面。

随着人民币、数字人民币的持续稳定与保值增值，人民币、数字人民币作为世界各国外汇储备的热情会逐渐高涨。允许外国机构投资者购买人民币债券，适时引导利用海量外资，建设中国基础设施、发展中国经济，造福民众，同时将驱动全球经济发展。

国际货币基金组织将人民币纳入特别提款权货币篮子，特别提款权是一种国际储备资产，人民币是特别提款权一篮子货币中的主要货币。随着中国经济体量的增大和人民币影响力的提升，人民币在特别提款权中所占的比重会逐步提升，直至人民币成为特别提款权中的主流货币。

推动人民币成为全球储备货币。人民币、数字人民币变得更加保值增值、灵活、安全，人民币、数字人民币在世界各国外汇储备中的比重逐渐增加，直至成为全球居首位的储备货币。

23.5　促使数字人民币成为全球数字经济的主要货币

随着数字经济在全球经济的比重日益加大，数字人民币在全球数字经济的地位会逐渐显现出来。

中国数字人民币遥遥领先世界各国的央行数字货币，数字人民币将促进人民币的国际使用，特别是那些与中国有密切贸易往来的国家。这将为中国提供一个深入了解数字人民币在世界范围内交易的窗口，把控全球经济脉络，促进全球经济发展。努力让尽可能多的经济体围绕人民币、数字人民币运行，强化中国作为世界最大贸易国的地位，让中国成为全球经济的高速列车头，驱动全球经济快速、稳步发展，造福天下大众。

全球政策制定者、参与者要顺应时势，为人民币、数字人民币成为全球经济主要货币的过渡做好准备，顺应新时代的潮流，融入其中，为全球经济的发展繁荣、世界民众的福祉做出贡献。

促使数字人民币成为全球数字经济的主要货币。稳定、可信并持续强劲的货币，对世界财富、贸易具有强大的向心力。全球贸易的主要地位和国际货币的主要地位，必将催生经济的繁荣、世界人才的聚集，海量财富的持续创造、人民福祉的大幅提升，必将推动大国崛起和民族复兴，也必将促进世界和平与发展。